44
Mystery

44
Mystery

解夢經典

【暢銷修訂版】

「問神達人」王崇禮博士－著

解夢經典（暢銷修訂版）

當今世上第一本，王崇禮老師閉關49日，宗天宮神明親授解夢技巧大公開！

作　　者　王崇禮
內頁構成　李緹瀅
封面設計　林淑慧
主　　編　劉信宏
總 編 輯　林許文二

出　　版　柿子文化事業有限公司
地　　址　11677臺北市羅斯福路五段158號2樓
業務專線　（02）89314903#15
讀者專線　（02）89314903#9
傳　　真　（02）29319207
郵撥帳號　19822651柿子文化事業有限公司
投稿信箱　editor@persimmonbooks.com.tw
服務信箱　service@persimmonbooks.com.tw

初版一刷　2017年01月
二版一刷　2023年01月
定　　價　新臺幣460元
I S B N　978-626-7198-16-2

業務行政　鄭淑娟、陳顯中

歡迎走進柿子文化網 https://persimmonbooks.com.tw

粉絲團搜尋 60秒看新世界

～柿子在秋天火紅 文化在書中成熟～

國家圖書館出版品預行編目(CIP)資料

解夢經典（暢銷修訂版）：當今世上第一本，王崇禮老師閉關49日，宗天宮神明親授解夢技巧大公開！/ 王崇禮/著. -- 二版. -- 臺北市：柿子文化, 2023.01
面；　公分. -- (Mystery；44)
ISBN 978-626-7198-16-2(平裝)
1.CST: 占夢　2.CST: 解夢

292.92　　111019290

推薦

具名推薦

劉燦榮 歷史專家

佳評如潮

崇高揚善敦教化，禮以道行醒迷津

「崇高揚善敦教化，禮以道行醒迷津」這二句詞，是我對我的學生王崇禮博士所下的一個評語與未來期待。

我跟我的學生王崇禮博士會認識，可以說是上天的安排，也就是說，上天這一筆畫下去的那一剎那，天地間的外圓內方便正式啟動了我們師生這輩子的緣分。

「師不必賢於弟子，弟子不必不如師，聞道有先後，術業有專攻。」這段句話正是我們師生的最佳寫照——我們師生彼此互相的學習，互相的研究，甚至有時會因為一個問題，而從中午討論到晚上，目的就是要找到真正的答案。

我非常欣賞王崇禮博士的這種求知態度，因為王崇禮博士曾經對我說過一句話：「我要是沒有真正的理解，就沒資格幫人問事，幫人處理，相對的，也會害了人家，嚴重一點的會害人家破人亡。」我聽到這一句話時，內心深深的感動，望著這位眼前的年輕學者，心想，沒錯，一位問事人員就是要有這種嚴謹與謹慎的態度。也就是有這種謹慎的態度，於是我一點一滴地將畢生所學傳授給王崇禮博士，因為我絕對相信，我唯一的學生，一定會將我教給他的學問與知識傳承給後代子孫，並且讓它發揚光大。

除了謹慎的態度以外，我最欣賞的是王博士的品德，他絕對不會因為自己是全國高知名度的名人，便開始以宗教名義賺錢，對信徒漫天開價。我內心深深感動的是，一位有如此高知名度的名人，還能不受金錢所誘惑，堅守著二十年前對神明的承諾——「一本初衷、自始至終」，真的難能可貴，難能可貴。

我相信這本《解夢經典》可以造福很多人，因為這本書簡直把天底下最複雜的學問，用最簡單、最直白的方式給表達出來，而且書裡面的內容我相信絕對是有錢也學不到的。除此之外，王博士這本書還有一個很重要的部分，就是「不藏私」，他把所有神明所教的解夢技巧，毫無保留的傳承給下一代，這必須要有過人的雅量公心，才能做得到。

所以，我非常開心我的學生王崇禮博士出版了這本曠世鉅著《解夢經典》，我也絕對相信，全國讀者在看了這本書之後，對夢境一定會有煥然一新的感覺，對宗教與神明也會有更進一步的了解。

最後還是那一句，這本書真的很精采，真的是當今世上第一本。

涂水樹老師 問神達人的老師

不可思議的一本書

「青出於藍勝於藍」，這句話我要送給我的學生——王崇禮博士，因為在這一輩子我已經看到了王博士可以把我教給他「一」的知識與功夫，再繼續「生二，生三，三再生無窮」。我很高興王博士今天的能力與修為能夠達到這種境界，身為老師的我，很開心，很高興，更是非常引以為傲。

我一生致力於宗教、風水地理，至今已經快六十年，我深深知道，要從事這方面的工作，悟性固然重要，但最重要的是自身的「品性」與「德行」，因為這兩項因素將會決定一個人的為人處事、處理事情的風格、思維模式，以及到底會把我所教的功夫帶去何處、用在何處。

然而，在我跟王博士相處這二十多年來，從剛入門一直到今天，王博士這一路成長進步的速度，可以說是非常的驚人，任何一件事情只要講過一次，他就可以牢牢的記住，並且可以舉一反三，甚至還可以把我教給他的竅門再進行「改良」，改良到符合現代人的需求。這一點真的非常難能可貴，我真心的認為王博士可以說是百年難遇的人才。

王博士這一本大作《解夢經典》，可以說是道教界的一個大突破，因為有史以來，王博士是第一位把神明所教授的錯綜複雜解夢技巧，用簡單、幽默、直白的方式呈現出來，而且這本書還在每個案件裡，教導大家如何把夢境、籤詩一起做交叉運用，讓這些問事工具發揮至出神入化的境界。

除此之外，透過本書，不只可以幫助讀者學到解夢的技巧，也可以認識到神明處理事情的方法與思考的角度，更重要的是，這本書可以成為一本「問事經典教材」，幫助以後的問事人員及神職人員如果遇到複雜案件時，該如何因應與處理的一個依據指南。

《解夢經典》這本書真的很不可思議，再多的言語都無法表達我內心的感受，只有這一句「不可思議」最為貼切。在人的一生當中，至少每人都要看過這一本書，也要擁有這一本書，因為這本書跟我們的人生息息相關，有了這一本書，我們將不再迷惑與惶恐。

張木中老師 風水地理名師、問神達人的老師

十分值得珍藏的經典

繼問神達人王崇禮老師一系列擲筊、解籤、解運的問神書籍之後，能夠再次受邀為王崇禮老師的新書《解夢經典》寫序推薦，內心感到無比榮幸，也迫不及待地趕緊來個先睹為快。果不其

然，又是享受那種翻開第一頁，就會被一直吸引讀到最後一頁的專注力，這個專注力來自於章節劇情環環相扣，結合大多數人的夢境經驗，十分引人入勝。

相信每個人都有做夢的經驗，或是或多或少都有相似的夢境經驗，例如：夢中驚醒、隔日遺忘夢境、夢中有夢、夢境延續前夢、現實發生的事與曾經的夢境相似等等。但是，往往不知夢境之所以，所以自我對於夢境解析時，有時會偏離方向。有的人說，夢與現實大多相反；有的人說，日有所思夜有所夢，但是最後大多莫衷一是，甚而道聽塗說，適得其反。此次問神達人王崇禮老師的新書《解夢經典》，結合神明所教授的學問，深入剖析夢境的涵義，更與先前的擲筊、問籤、運勢等學問環環相扣，對於民眾會遇到的夢境疑問解答得十分徹底，如果要以我學者的身分對此書做出評語，那就是八個字：「本書十分值得珍藏」。

個人屢次的夢境經驗，無論是個人、家庭、事業以及宗天宮建廟志業，往往在崇禮老師結合宗天宮神明的指示下，獲得驗證而且尚無失誤過，十分神奇。這也讓我省思到，在西方世界裡，佛洛伊德在《夢的解析》一書中，僅僅運用了人的潛意識及心理結構解釋了夢境緣由，然而在東方道教世界裡，王崇禮老師創建宗天宮並結合宗天宮神明旨意，無私地將擲筊、解籤、風水運勢、夢境解析等學問傾囊相授，並對人一生常常遭遇到家庭、事業、婚姻等問題，透過書籍做最淺顯易懂的傳達，且常常輔以問事實例驗證，其風格十分讓人驚艷。

如果讀者您曾經擁有過王崇禮老師的書籍，想必您一定如我一樣，會想趕緊擁有這本《解夢經典》，因為這本書真的可以說是當今世上的第一本，這本書的問世，我相信會成為道教領域中的一個重要經典問事教材。

林宏濱　樹德科技大學國際企業與貿易系系主任

不再夢醒時分迷惘不已

做夢雖是每個人都有的經驗，但夢境內容是否有所隱喻，多數人都無法知曉，往往只能透過網路的《周公解夢》略知一二，只是，光是「周公解夢」，對於同一夢境也有諸多版本的解釋，常常令人無所適從。夢境內容有時是對當事人的提前預警，若能正確解析夢境所隱含的意義，應可讓人趨吉避凶。

讀者們可發現，以往出現在王崇禮老師書中比較複雜的案例，有時必須經由當事人的夢境，或神明透過對王老師的托夢，解析之後才能直搗問題核心。王老師在過去一系列書籍中，已陸續介紹如何透過擲筊和抽籤向神明問事，現在醞釀多時的《解夢經典》一書終於出版，將其從神明身上所習得的各種解夢技巧公諸於世，實現他對神明的承諾，也一饗讀者們的殷殷期盼。

在此書中，王老師用第一人稱的方式，以神明的學生身分，敘述他如何在閉關中，經由神明的循循善誘，逐步學會神明所教授的各種解夢技巧。王老師用此筆觸描述，讓讀者彷彿也身歷其境在一個奇幻世界裡，就好像是自己在閉關苦學一般，閱讀起來更會有一種欲罷不能的感覺。

從王老師與神明的互動過程中，有一件令我驚訝之事，就是神明遠比自己所想像的幽默風趣。關於這點，我也向王老師求證過，王老師說神明的確沒有我們凡人所想像的那麼嚴肅，只是因為神明不會說話，所以才會讓人有那種刻板印象。這些互動內容，替世人揭開了神明的神祕面紗，也讓我們見識到王老師當學生，竟也有非常稚氣的一面。

解夢是一種複雜的技巧，神明以各種夢境為例，由淺入深、按部就班地教導王老師，而王老師則是將學習過程的重要之處擷錄下來，成為本書內容。

本書最大的特色，即是從一個簡單的案例，透過不斷的舉一反三，推演出各種可能的情境變化，再從這些變化中演繹出各種不同的夢境解析，如此既深且廣的分析方式，著實令人佩服神明的偉大智慧。

王老師更將這些千變萬化的推論過程與結果整理成系統性的表格，讓讀者可以一目了然，也方便日後隨時查閱。

對於有心學習解夢技巧的讀者，閱讀此書時，也應該特別注意神明給王老師的「隨堂測驗」。讀者們可發現，神明的解夢課程每到重要之處，神明就會向王老師提問，這些問題不但是神明要對王老師提示的重點，事實上，也都是解夢方向正確與否的重要關鍵，讀者們若能多加留心注意這些地方，未來必能提高解夢的準確性。

本書另外值得一提的地方，就是「問神達人特別收錄篇」，內容包含補運、求神收誼子和命名學等內容。王老師曾向本人透露，不少信徒希望補運、改運和改名，惟不懂這些事情的正確作法，且又所遇非人，往往最後所得到的結果，就是既勞神又傷財，得不償失，而一般人也對求神收誼子之事一知半解。

本著宗教家慈悲之心，王老師特別將這些事情的正確作法公諸於世，讓讀者可以少走冤枉路，並達成心中所願。

如同書中所言，要將解夢技巧發揮到淋漓盡致，往往還需要兩項基本功的配合，亦即向神明擲筊確認分析正確與否，與搭配籤詩的靈活運用。已學會擲筊和抽籤的讀者們，若能進一步習得各種解夢技巧，那也離「問神達人」的境界不遠了。

從古至今，夢一直披著神祕面紗，人們總是試圖了解它背後所象徵的意義。我誠摯的推薦此書給想要學習如何解夢的讀者們，這本《解夢經典》一定可以讓你受益良多，不再夢醒時分迷惘不已。

莊文議 臺灣大學財務金融學系副教授

非凡經典，值得閱讀、參考與典藏

玉皇大帝（天公）及眾神是公平的、是慈悲的、是來普渡眾生的、是來幫助眾生離苦得樂的，此當然亦是宗天宮各諸神明之職志。

從幾年前王崇禮老師領旨籌備建設宗天宮後，王老師就說：「將來宗天宮落成後，將開班授課，要將神明所教授的解籤、解夢等功夫，不藏私且完整的公諸於世，期能達成宗天宮眾神職志之萬一。」而這幾年王老師陸續出版了《神啊！我要怎麼問你問題》、《神啊！你到底在幫我什麼》、《神明所教的解籤訣竅》及《解夢經典》等書籍，都是在為未來開班授課做鋪陳準備，期望將「神明所教之各類訣竅」授與有緣人，完整的傳承下去，發揚光大，讓更多的眾生能因此受益受惠。

這本《解夢經典》大作內容包含兩大部分：「解夢技巧」及「問神達人特別收錄篇」。有關解夢技巧，包含有「夢境的成分說明」、「夢境成分之分析」、「夢境整合之分析」、「如何達到百分之百的問事準確度」、「如何知道夢境裡面的時間點」及「如何擲筊驗證夢境」等部分；有關「問神達人特別收錄篇」，則包含有「補運祕訣大公開」、「給神明當誼子及其注意事項」及「問神達人王崇禮老師教你如何命名、取公司行號」。整本書內容解說詳盡且淺顯易懂，於理論內容說明後，還舉多個實際案例，供對照比較，以強化解夢技巧的運用，但書中仍特別強調，為避免可能的人為解讀錯誤，最後仍要擲筊請示神明，解讀是否有誤，以達問事百分百的準確度。各章節中不時穿插王老師獨特幽默風趣的寫作手法，以提高閱讀之樂趣。

「不是非凡不足以成為經典，不是經典不能成為永恆」，此書真的是一本具理論與實務的書籍，非常值得大家閱讀、參考與典藏。

人既生於此娑婆世界，就有悲歡離合，有幸與不幸，但此都與我們過去之所做所為有著很大的關係，我們當然可請神明幫忙解惑、指點迷津或解決困境，但人的幸與不幸之根源，還是在於個人。左傳云：「人誰無過，過而能改，善莫大焉。」人生在世，難免說錯話或做錯事，但有了錯誤並不可怕，只要能懺悔改正，不要重蹈覆轍，仍是高賢之士；論語亦云：「往者不可諫，來者猶可追。」過去已經過去，我們無法挽回，最重要的事，是我們現在及未來的作為，以《增一阿含經》之偈句「諸惡莫作，眾善奉行」，與大家共勉之。

曾宗德　樹德科技大學通識教育學院院長

推薦

前言

解夢篇

學解夢前必看

神與人，一起奮發圖強

「閉關」也有人稱為「受禁」，其意義是，在某一段神明指定的期間內，神明會在夢中教你一些智慧，這些智慧包含問事、風水、地理、解夢、解籤等等。在閉關期間，是絕對不可以吃葷，所以，這次的閉關，神明即規定我必須一天吃素齋，一天吃水果，為期共七七四十九天。在此，我要特別感謝臺灣首廟天壇玉皇上帝以及屏東玉皇宮玉皇上帝的護佑，讓這次閉關能夠圓滿順利。

我曾經閉關過好幾次，所以深知神明會叫一個人閉關，一定有其重要的原因，其中的奧妙實在是難以言喻，只有真正體會過這種經歷的人，才知道天地間竟有如此玄妙之事。不過，如果非得要用一句形容詞來表達這種感受的話，就只能說是：「不可思議、不可思議。」

在這次閉關四十九天的期間，我可以明顯的體會到，宗天宮天官紫微大帝和媽祖要教我的智慧跟以往有很大的不同。我統計了這四十九天的閉關，神明總共教了我二十四種智慧，單單解夢這方面的智慧，就用掉了七天，而且是在前七天，也就是第一個禮拜，可見神明對解夢這個領域非常的注重。所以，當宗天宮紫微大帝、媽祖指示我出版這一本《解夢經典》時，我是用一種戰戰戰兢兢的態度在撰寫，一心期望能把宗天宮神明所教授的智慧永遠流傳於後代，讓日後有心為神明服務的神職人員，他們的問事功力可以更上一層樓，能真正輔佐神明解決芸芸眾生的困苦。

為什麼要出《解夢經典》？

我可以告訴大家為什麼神明要我再一次閉關，以及出版這一本《解夢經典》。因為有一天，我看到了電視新聞在報導一宗教詐騙案件，其中甚至有一位大學女學生因被宗教神職人員所騙，最後連生命都喪失了。

類似的案件層出不窮，於是我終於忍不住點香跟神明講：「我們宗天宮雖然沒有能力可以幫助所有的人，但至少可以幫助一些人，讓這些人有能力幫助自己，只要自己能夠幫助自己，被騙的機會就會微乎其微。」

全國宗天宮的信徒都非常熱心，大家一點一滴地匯聚眾人的力量，在支持幫忙興建宗天宮，所以身為神明助手的我，當然也應該要挺身而出做一些事，幫幫這些可憐、困苦無依靠、甚至被宗教所害的芸芸眾生，教教他們自救的能力，讓這些困苦的眾生有心靈寄託，也有活下去的勇氣，這才是宗天宮存在的價值啊！

也許宗天宮二樓凌霄寶殿的玉皇上帝，以及紫微大帝與媽祖聽到了我的心聲，大概過了一個禮拜後，便夢到媽祖要我再一次閉關，而且在夢中還發了一張學生證給我，學生證上面大大寫著五個字「宗天宮大學」，下面寫著閉關目的，是「渡困苦眾生達彼岸」。

當我醒來之後，我內心非常激動與感動，於是到紫微大帝與媽祖面前上香，當時我是邊上香邊流淚的對神明說：「感謝宗天宮紫微大帝、天上聖母，及眾天神聽到弟子內心的聲音，答應救這許多連活下去的勇氣都沒有的眾生，謝謝眾神明，這才是弟子心目中真正的宗教價值，不分你我，一起攜手讓我們此生抵達彼岸；這才是弟子心目中真正想興建的宗天宮，不分貧富，共同讓此人間變得處處有溫暖。」

流著淚上香稟告完後，這才開始展開一連串的閉關。

科學是在已知中做選擇，宗教是在未知中做選擇

科學與宗教之間要如何並存與並進，這其實是一門高深的學問。崇尚科學的人會認為，科學是經過嚴謹的信度與效度驗證下所產生的一種結果，所以比較有公信力；而篤信宗教的人會認為，神明的指示是不會錯的，神要是會錯的話，就不可能當神了。

其實，這兩方的論述都有其各自的堅持，所以不能說哪一方是對，哪一方是錯，但我們至少應該要知道，科學與宗教這二者存在這個世界的功能到底是什麼？我個人膚淺的想法是：科學可以幫助我們在「已知」中做出選擇，宗教可以幫助我們在「未知」中做出選擇。然而，天下萬物不可能完全都是已知，也不可能完全都是未知，也許就是這樣，上天才會安排這二者同時並存在這個世界；「科學做不到的，由宗教來傳道；宗教所不足的，由科學來彌補」。

舉例來說，在科學判定一個人已經癌末，且癌細胞已經轉移到肺或腦時，醫生由他所受過的專業科學判斷來看，患者生存時間也許已經不多了。此時，科學再怎麼發達，都很難讓一個即將面對死亡的人還能豁然面對，人雖住安寧病房，心卻不安寧。這個時候，宗教就能發揮它應有的功能，讓當事人相信這只是一個新境界的開始，雖離開肉體，但靈卻永遠不滅，只是在另一個空間相聚。更重要的是，讓當事人相信他所信仰的神或上帝，會來牽引他，使當事人可以面對內心的恐懼，心靈得到救贖。

因此，人類只要對死亡還會恐懼，宗教就有它存在的必要，這就是科學做不到，由宗教來傳道的道理。相對的，倘若身體已經產生了真疾病，就必須由醫學來治療，宗教醫的是假疾病（欠點），而不是真疾病，這就是宗教不足的地方，必須由科學來補足。所以，科學與宗教二者之間既有對立面，也都需要彼此的存在，彼此的包容與協調，才會讓這個世界變得更美好。而我這本

《解夢經典》所強調的，也是科學與宗教的並存，神有神的任務，人有人的使命，神與人共同的奮發圖強，才能產生最大的功能。

宗天宮對任何的信徒，不管是問事，還是辦事，絕不會對眾生開價一分一毫，絕對秉持著「一本初衷，自始至終」的宗教濟世原則。所以，在此誠摯的邀請全國信眾朋友們一起支持贊助「屏東萬巒宗天宮」的興建行列。

「匯聚眾人力量、推動夢想輪軸、荷擔宗天正法、造就道教神木」，神與人一起奮發圖強，直到完成我們此生的人生課業為止，如此也不枉今生來這世上走一遭。

宗天宮感謝您！

問神達人王崇禮

解夢篇

學解夢前必看

公開宗天宮眾神教我的解夢技巧

不是非凡不足以成為經典，不是經典不能成為永恆！

現在掛號來問事的信徒愈來愈多，我的「問神達人王崇禮老師」粉絲專頁只要一開放掛號，一分鐘內就湧進超過千名的掛號訊息。

於是，遇到的案件愈來愈多、愈來愈複雜，有些案件根本無法在第一時間用擲筊就能夠問得出來，有的甚至已經超出我的能力、超過我以往所學，這時候宗天宮紫微大帝、媽祖、梓官城隍爺神明就會指示我再一次的閉關（也有人稱為「受禁」），要再教我更上一層的功夫，好應用在接下來即將面對的那些更複雜的案件。於是，我又會再一次閉關四十九天，這段期間一天吃素，一天吃水果。

當然，閉關期間神明也是用托夢來提醒，這個案件的重點在哪？該怎麼問？該怎麼做？以及該怎麼解決？或者甚至托夢：「這位信徒陽壽已盡，神明已經無能為力了，不要再強求了。」這些都是我在閉關期間及處理案件當中所遇過的寶貴經驗，現在，我就要把這些有錢也買不到的寶貴經驗公諸於世。

會解夢真的很重要

在這之前，要先讓大家知道一個重點，雖然神明教我的東西每天都不一樣，但至少有一個相同之處，那就是——這些東西都是透過夢境告訴我的。

重點來了！如果你不會解夢，那會發生什麼事呢？很簡單，不會解夢，就不知道神明要告訴你什麼；不會解夢，就不知道該案件重點在哪裡；不會解夢，你就不知道該怎麼問；不會解夢，你就不知道這個案件該怎麼做；不會解夢，你就不知道這個案件該怎麼解決……。

相對的，如果你會解夢，是不是就很少有事可以難得倒你了？再怎麼困難與複雜的案件，你都有能力解決，即使得到的結果是「無解」，那也是一種答案。所以你說，解夢重不重要？當然很重要！

要學解夢，基本功得要紮實，不能急躁，要一步一步循序漸進，跟著我所教導的步驟認真學習，然後慢慢的「悟」，假以時日，你的解夢功力一定會大大提升，準確率也一定會連你自己都大吃一驚。

也許宗天宮的紫微大帝、媽祖、梓官城隍爺早就已經知道，抑或早就安排好總有一天要我教導大家如何解夢，所以在閉關期間，神明就用了七天的時間指導我，並告訴我說：「以後，如果因緣時機成熟了，你要教大家解夢的技巧，也要把這七天閉關的內容寫成一本書，傳之於後世，讓它永垂不朽，更要讓這本書成為後代神職人員濟世救人的經典教材之一。另外，以後如果有有心於學習解夢的人想要學習這方面的訣竅，你就要把這祕訣傳給後世，培養傳承的學生，將這門學問發揚光大。」

當時，我還在好奇：「有可能嗎？我真的需要寫這一本書嗎？」如今時機到了，回頭想想當時，神明確實看得比我們還要高、還要遠。

打通解夢的任督二脈

天下萬物，包含一草一木、一言一行，甚至日月星辰，都有可能進入我們的夢中，成為夢境裡的一個小片段。既然是「萬物」，單單一本解夢書如何能夠全部收納於其中，就算勉強將天下萬物都收納進來了，也絕對只能學到解夢的皮毛，而無法獲得解夢的奧妙精髓，更體會不到原來夢境是那麼的不可思議！

如果你學解夢，是志在為神明服務，成為一位問事高手，這本書一定要用心的讀，這些訣竅非常重要，有助於打通你解夢功力的任督二脈，只要任督二脈通了，不用看什麼解夢書也能夠斷個六、七分。為什麼這麼說？想一想，如果你遇到的夢境恰好就是解夢書裡面沒寫到的，該怎麼辦呢？我們不能永遠依賴解夢書，書上寫的是死的，而神明教的解夢技巧是活的——給你魚，不如教你釣魚，教大家學會「千變萬化的解夢技巧」，比看什麼解夢書都還要有用！

神明的七天解夢課程，前三天課程就是要先打通解夢的任督二脈，第四、五、六天則正式進入夢境整合分析的階段，最後一天才教如何推論夢境的時間點，以及如何擲筊問夢境。

第一天：夢境的成分說明。

第二天：夢境成分之分析。

第三天：夢境成分之分析。

第四天：夢境整合之分析。

第五天：夢境整合之分析。

第六天：夢境整合之分析、如何達到百分百的問事準確度。

第七天：如何知道夢境裡面的時間點、如何擲筊驗證夢境。

如果可以將神明這一個禮拜的課程融會貫通，我相信不只大家的解夢功力可以提升一半以上，以後如果有遇到一些沒有列在本書的夢境成分，也可以輕而易舉的把整個夢境給解出來。為什麼呢？因為你已經掌握到解夢的觀念與技巧了。

現在，就請跟著我，一起進入閉關七天「神明教我的解夢技巧」課程。

第一章 蛋捲理論：關於夢境的成分
——第一天閉關

在閉關第一天時，我夢到……

我拿起一包平常就喜歡吃的咖啡蛋捲，拆開包裝，拿出一根蛋捲吃，邊吃邊看著包裝背面的成分說明，上面寫著：麵粉、蔗糖、雞蛋、食用乳油、人造奶油、大豆油、香料、咖啡粉……等數十種成分。

這個時候，上課鈴聲響起，我急著揹起書包並帶著這包吃到一半的蛋捲進入教室。進入教室後，我找到自己的位置，便坐下來等待授課老師的到來。

約莫過了五分鐘，一位男老師走進了教室，他身上所掛的識別證上寫著「天官紫微大帝」。老師進來後，就把他的課本放在講桌上，然後走到我面前，從我桌上拿起剛剛吃了一半的那包咖啡蛋捲，然後轉身走回黑板前。

接著，老師拿起粉筆在黑板上寫著：「蛋捲的成分：麵粉、蔗糖、雞蛋、食用乳油、人造奶油、大豆油、香料、咖啡粉……。」

寫完後，老師對我說：「今天要講的是『解夢課程』，不過，王弟子，開始之前我要問你，解夢跟這根蛋捲有什麼關聯？跟它的成分又有什麼關係？」

我想了一下，回答道：「是不是只要夢解對了，老師會給我蛋捲吃？」

「你很餓嗎？你站著上課！」老師不悅地回答我。

「喔……」從這時開始，我就一直站著上課，其實我心裡也很不高興：「你有必要這麼凶嗎？還叫我罰站，我又不是小孩子！」

此時，老師一臉很嚴肅地對我說：「一根短短的蛋捲裡面就含有數十種成分，也就是說，這數十種的成分集合在一起才能夠產生一根蛋捲。你要記得一個重點，一個物質的形成，大部分都是由好幾種元素集合在一起所組成。蛋捲是如此，『夢』當然也一樣，都是由好幾個成分集合在一起，才會產生一個夢。講得更白一點，就是——一個夢境不可能只有一個元素。所以，弟子，以後如果有信徒問你：『老師，夢到蛇是代表什麼意思？』你該怎麼回答他？」

「要怎麼回答？」我反問老師

「……你！繼續站著上課！」接著，老師又說，「你要教導他，這是不正確的問法。為什麼呢？根據『蛋捲理論』，一個夢境裡不太可能只有一條蛇（成分），除了蛇之外，還要想一下旁邊是否還有其他景象（其他成分），比如蛇有沒有咬人（成分一）、有沒有流血（成分二）、場所在哪裡（成分三）等等。這些都是產生一個夢境的重要成分，如果連這個基本概念都不知道，又要怎麼學解夢？又怎麼能夠解得準？會問這個問題，是因為大部分的人都沒有這種概念，而你有一般人所沒有的概念，就應該要一肩承擔起教育後代的責任與使命，才不致枉費神明花費這麼多時間栽培你。」

老師繼續交代我道：「切記，宗教要有傳承性，而不是愈搞愈神祕，更不能有『你們沒有我就不行，我得要留一手』這種狂妄傲慢心態。你跟其他神職人員不一樣，你有慈悲心，不貪、不取，也有心胸與度量，所以你要趕緊充實自己，把我所教的知識再傳給下一代。」

夢境成分的四大關鍵

我醒過來的第一件事，就是趕緊把夢境記在筆記本以防忘記，這個步驟很重要，一定要做。閉關時的每一個夢境都是神明在教授你東西，非常重要，千萬不能夢一夢卻不管它，或是夢醒後沒把它記起來，結果隔段時間就忘了，這樣神明以後就不會再教你了——因為你不把這件事放在心上，也不在乎這件事！

把整個夢境記在筆記本上之後，接著就要開始參悟神明透過這個夢到底是在表達什麼、到底要教你什麼。而這一切都要靠你自己去參悟，參悟完之後，還要擲筊向神明請示自己參悟的結果對不對。

擲筊確認是一定要做的程序，因為經過三個聖筊確認，就某種意義來看，即再次證明自己：昨晚的夢境沒有會錯意，參悟的角度完全正確，以及解夢功力再次受到神明的肯定。

以下的閉關紀錄摘要很重要，一定要把它記起來，因為這些是我參悟的重點結果，而且這些結果是一一經過神明三個聖筊確認過的。

夢境的成分不會只有一個

一個夢境一定是由好幾個成分所產生，不可能只有一個成分所組成。解夢如果只單單看一個成分，不只一定解不準，還很容易出差錯。

解夢必須搭配所有成分一起分析

神明告訴我，如果有信徒問我：「老師，夢到蛇是代表什麼意思？」我除了要提醒信徒這種問法不正確，還要教導他們必須檢視除了蛇，旁邊還有什麼夢境成分，這樣搭配著來解，才能夠做最客觀、最完整的判斷。

解夢人必須看得比任何人更深入

神明進一步提醒我，身為一個專業的神職人員，看一個夢境的角度要能夠洞若觀火，必須看得比一般人還深入且不一樣。如果無法很透徹的檢視夢境，不但表示沒有足夠的能力幫人處理問題，甚至還有可能在處理問題的同時又產生出另一個問題。

閉關是很嚴肅的一件事

神明更在提醒我，閉關是一件很嚴肅、很莊嚴的一件事，不能等閒視之，更不能開玩笑，否則會被「罰站」。

以上就是我第一天閉關所夢到，關於「夢境的成分」的重點摘要筆記，希望有心學習解夢的朋友要認真的記起來。當然，你看完這個章節之後，如果有不一樣的心得或參悟，那就恭喜啦，因為你比我更有心得，不妨準備筆記本或在這一頁的旁邊把它記下來，我相信在未來的日子，你不只解夢功力可以更上一層樓，甚至還可以成為一位很好的老師。

有關「夢境的成分」的重點已經跟大家講了，希望大家能夠消化得了。如果消化得了，那我們就要進入第二天的閉關課程了——「夢境成分之分析」。

第二章 二十五個夢境成分之分析

一般人其實無法體會到，閉關是多麼玄的一件事。一天二十四小時，大概除了一些私人的事務外，其餘的時間幾乎都是在睡覺，若要仔細算，大概一天會睡到將近十一、十二個小時，而且就算白天有睡，晚上照樣睡得著，根本不會有睡不著的問題。好了，第一天已經教過夢境成分的理論了，現在就要正式開始教授我在第二天閉關學到的課程。

把閉關第一天的筆記跟重點整理好，並且擲筊請示神明確認無誤之後，我就開始做一些自己的事。一般來說，吃完晚餐及盥洗完畢後，我每天都會有一定的看書時間。那一晚，我看的是一本有關問題解決與邏輯思考的書。才看了一會兒，時間也還早，差不多才八點半，但我的眼皮已經慢慢變得沉重，不一會兒，我就睡著了。睡著了之後，我夢到——

紫微大帝的夢境成分解說——第二天閉關

我正在看八點檔的連續劇，這齣戲主要是在演神明給男主角托夢，而男主角對解夢一知半解，所以把神明的夢境給解錯了。我邊看邊搖頭的想，如果是我的話，就不會解成那樣。才剛想完，忽然一陣「叮咚叮咚」，有人在按我家門鈴。

我走去開門，一看，竟然是我的老師。我請老師進來家裡，老師對我說：「我看了你昨天整理『夢境的成分』的筆記，整理得很詳細，希望你要熟記這些重點，將來可以教學。在你的事業上，你是博士，但在宗教上，目前你還只是碩士。不過沒關係，這次閉關上的課程就是宗教方面的博士班，若你可以完成這次閉關的學業，通過考試並順利畢業的話，就可以成為一位正式宗教問神的博士了。」

接著，老師從他的公事包拿出一本書，黃色的書皮上寫著「解夢天書」。我翻了一下，裡面全是些密密麻麻且看不懂的字。於是我問老師：「上面寫的是什麼字？我都看不懂。」

老師回答我：「這是神明的字體，你看不懂沒關係，我會教你。來，拿出你的筆記本，今天你要寫的東西很多，因為你的靈沒有辦法記這麼多，夢境太長我怕你會記不住，所以我會在你的靈可以記得起來的範圍內，一天給你分幾次托夢。你一起床，就要馬上記在筆記本內，否則躺下去睡又夢到新的東西，那之前夢的肯定會忘掉，這一點千萬要記住。」

我回答：「好。」並且馬上拿出筆記本。

老師開始翻開《解夢天書》，然後對我說：「把我念的一一記起來：『你已經學到要形成一個夢境，一定會由好幾個成分所產生，不可能只由一個成分所組成的觀念，那麼今天你就要開始學「夢境成分的分析」。什麼是「夢境成分的分析」呢？就是當你夢到什麼成分，就要知道這個成分是代表什麼意思。』」

由於第二天的閉關夢境內容太長，神明怕我記不起來，所以光是這一天，我就醒來又睡、睡了又醒，這樣一來一往，總共五次，目的是為了要我把第二天的夢境筆記詳細且一字不漏的記錄下來。由於不浪費時間多做贅述，中間我會省略掉一些夢境過程，一次把完整的夢境寫完，而且以下所記錄的夢境整理及參悟，都是經過神明三個聖筊確認過的。

以下是信徒常見的夢境成分：

1 夢到牙齒掉下來

「弟子，很多人都夢過牙齒，但夢到牙齒還必須再搭配夢中牙齒的狀況，才能夠做一個完整的判斷。『牙齒』代表著『人丁』，也就是家人的意思。所以，如果有信徒夢到掉牙齒，那就表示這位信徒的某一位家人要特別注意了，很可能會面臨有關生命安全的重大關頭，不可不慎。除了知道這些以外，還要知道掉哪一顆牙齒所代表的是誰，這也是很重要的。

(1)如果掉的那顆牙齒是上排的牙齒，就代表是長輩。例如：父母、叔伯、祖父母。

(2)如果掉的是下排的牙齒，就代表是平輩、晚輩。例如：另一半、兄弟姊妹、孩子。

(3)如果掉的是上排的假牙，就代表是已經嫁出去的長輩。例如：姑姑、阿姨。因為假牙的臺語發音是『假』＝『嫁』。

(4)如果掉的是下排的假牙，就代表是已經嫁出去的平輩、晚輩。例如：姊妹、姪甥女。

(5)如果夢到牙齒搖搖欲墜、要掉不掉的，也要看是上排或下排，表示對方現在的身體很不好，接下來幾天要特別注意身體，若非必要，身體還未完全好轉前，盡量多休息不要出門。

弟子，現在你已經知道上排或下排牙齒的分別了，但不管是掉上排的牙齒，還是掉下排的牙齒，你還要會判斷掉牙齒的影響性有多大。怎麼判斷呢？就從有沒有流血來做判斷。

(6)如果夢見掉牙齒有流血，那就代表見紅，對信徒的影響性較小，也就是有驚無險；如果沒有流血，那就代表影響性較大，對信徒比較不好，相對就要更加注意。

(7)如果信徒夢到的是口中的牙齒全部都掉下來，這種情況不管有沒有流血，代表著兩種象徵意義，這很重要，你一定要記起來：

(a) 這位信徒對家裡面的人，不管對長輩、兄弟姊妹或小孩，要注意言語，盡量不要太犀利、不要太苛責，抑或不要太沒大沒小，因為這種夢境代表著對上、對下比較容易有口舌是非與爭議。

(b) 如果信徒夢到這種夢，最近又剛好全家有計畫要一起出去玩的話，最好請示一下神明，詢問是不是要注意什麼事情，因為會夢到口中牙齒全掉，代表這個危險性是屬於整個家庭的，非比尋常，應當要謹慎求證，才不會發生遺憾的事。」

夢境	夢境狀況	代表意義	延伸狀況和說明
掉牙 牙齒代表家人。	**上排牙齒**	代表長輩。例如：父母、叔伯、祖父母。	★**到底有沒有掉** **動搖尚未掉**↓表示現在的身體很不好，接下來幾天要特別注意身體。 **有**↓很可能面臨生命安全的重大關頭。 ★**有沒有流血** **有**↓見紅，影響性較小，也就是有驚無險。 **無**↓影響性較大，相對就要更加注意。
	下排牙齒	代表平輩、晚輩。例如：另一半、兄弟姊妹、孩子。	
	上排假牙	代表已經嫁出去的長輩。例如：姑姑、阿姨。	
	下排假牙	代表已經嫁出去的平輩、晚輩。例如：姊妹、姪甥女。	
	所有牙齒全掉光	代表在家裡對上、對下比較容易有口舌是非與爭議。	

或代表該危險性是屬於整個家庭的，非比尋常，應當要謹慎求證，以免發生憾事。

2 夢到從高處掉下來

「你上一個掉牙齒的夢境成分分析記起來了沒有？如果記起來了，接下來我就要講下一個夢境成分。」

我回答宗天宮紫微大帝：「我全記起來了。」

「好，那接下來我要教你如果有信徒夢到從高處掉下來，那就是代表著：要注意目前的事業、工作或什麼事情可能即將發生一些變化，這個變化會讓你從高處掉下來。若要講得具體一點，『從高處掉下來』就是從上面掉到下面，隱含著發生了什麼事而導致降職、調職，嚴重一點的甚至是離職。

弟子，這種夢境關係到信徒的人生，所以將來信徒如果跟你講他夢到從高處掉下來，你就要建議他再進一步的請示神明，最好要問出到底是哪一件事會讓信徒從高處掉下來。

神明托夢都是「預知性」跟「暗示性」，預知性就是在事情還沒有發生前就先提醒，好讓人提前做預防（若是這種，就不會事後才托夢，除非是已告知信徒要預防，但信徒沒注意到，當事情真的發生了，神明也只能再托夢提醒信徒接下來該怎麼辦）；暗示性就是當一件案件陷入膠著，內情錯綜複雜，或是連當事人不知道或忘記案情，甚至是涉及個人隱私、天機等等時，神明以託夢的方式提醒問事者或信徒，這個案件的根本問題在哪裡。

弟子，學解夢要會舉一反三、融會貫通；什麼叫做舉一反三、融會貫通呢？那就是：只要夢到從高處掉下來，這個高處也許會是從樓上、樓梯、電梯、車上、山上等有高度的地方，雖然地方不一樣，但道理都是相同的。

現在，你已經知道舉一反三、融會貫通了，但如果想要達到博士級神職人員的程度，就還得學會一種重要的訣竅，那就是——要會判斷信徒掉下來之後的嚴重性，以便提醒信徒三思而後行。

(1)如果夢到從高處掉下來，腿斷了，爬不起來，那就代表這件事情一旦真的發生，想要重頭再來，可能就不是那麼容易了。

(2)如果夢到從高處掉下來且受傷了，但還爬得起來，那就代表這件事情如果發生了，雖然會使自己受傷，不過還有站起來的機會，屬大事化小的等級。

(3)如果夢到從高處掉下來而且受傷了，忽然出現了一個人把信徒牽起來，那就代表這件事情一旦發生了，雖然會讓自己受傷，但是在緊急的時刻會有貴人幫助你站起來，這算是不幸中的大幸。

總而言之，你要學會針對『在夢中掉下來之後的情況』來做吉凶判斷，有了這個觀念，就可以預知一旦事情發生後，這位信徒接下來要面臨多大的挑戰。同樣的，以你是一位專業問事者的角度來看，如果這位信徒接下來問你說：『老師，那會很嚴重嗎？』你也好知道該如何回答對方。

相對的，如果你是一名信徒，而你的夢境是從高處掉下來後還有人扶你站起來，或是自己還可以爬起來，但那位問事者偏偏故意把你說得很嚴重、很悲慘，這時候你就可以心中有數，不被他人言語所恐嚇而使自己六神無主，因為你自己可以自行解讀夢境，明白事情不至於嚴重到病入膏肓的地步。」

此時，我已經聽宗天宮紫微大帝的解釋聽到渾然忘我、欲罷不能的地步了，我內心真的在呼喊著：「天啊！今天如果沒有紫微大帝把這些訣竅一一告訴我，真不知道還要學多久才可以學到這種頂尖的解夢技巧。

其實，我內心真的對神明充滿感恩，昨天叫我罰站的事……，好吧，我……不計較！」

我對紫微大帝說：「你可以給我一個從高處掉下來且凶中有吉的例子嗎？」

「可以。」紫微大帝微笑的點點頭說，「弟子，在去年普渡的時候，你還記不記得我給你托夢講有關一位信徒的事……。」

夢境實例 **從電梯跌墜卻被骨灰罈接住了**

有一位正在念碩士的信女到城隍廟說要報名普渡，報完名後，她點香向神明稟報，祈求神明保佑她今年可以順利畢業。稟報完之後，這位信女就開車去學校。到了學校，她搭乘電梯上六樓，要找指導教授討論碩士論文。

可是，當她來到指導教授的辦公室門口時，指導教授卻把門鎖起來，不讓她進去，她找不到指導教授，只好回去。

當她要踏入電梯時，沒發現電梯間是空的，腳一踏進去就跌了下去，六樓，五樓，四樓，三樓，一直跌到一樓，但到一樓時，她被一個骨灰罈接住了沒有受傷，也還可以站起來。

「弟子，這個案例就是凶中帶吉的例子，當時你已經幫這位信女問出來夢境的重點，就是：信女從六樓跌下來後被骨灰罈接住，不但沒受傷，甚至還可以站起來，代表這位信女還有祖德（骨灰罈）庇佑著，因此才大事化小。至於該怎麼解夢，不是在這裡要講的，等我們到『夢境的整合』課程時再來仔細探討。」

我很驚訝地回答：「有，有，這個夢境我有印象！原因是，這位信女碩士班念了很久都無法畢業，因為她跟指導教授處得不好，後來你有出一張籤給她，叫她不要主觀太強，還教她一些方法跟策略，三個月後就真的順利畢業了。」

天官接著對我說：「還是那個道理，夢境成分的分析很重要，每一個成分背後，都代表著一個獨特的意義，弟子你要好好的學，花時間去悟道、去參透道，如此一來便能使自己更上一層樓。」

夢境	夢境狀況	代表意義
高處摔落 代表目前的事業、工作或什麼事情即將發生變化，會讓你「從高處掉下來」。	**腿斷了，而且爬不起來**	事情一旦發生，想要重頭再來，就不是那麼容易了。
	受傷了，但還爬得起來	事情如果發生了，雖然會受傷，但還有站起來的機會，屬大事化小的等級。
	受傷了，但有人幫忙站起來	事情一旦發生，雖然會受傷，但是在緊急時刻會有貴人的相助。

3 夢到裸體

「現在我要講的這個夢境成分是：夢到自己裸體。這是信徒很常夢到的一種夢境，所以你一樣要仔細記起來。

如果夢到自己裸體，有幾個思考重點：

(1)裸體的意義

衣服是一種外表，也算是一種形象，如果夢到自己裸體，那就代表神明在提醒最近要注意自己的形象。神明為什麼要給這種提醒呢？這是因為『福兮禍之所依，禍兮福之所寄』，最近或是不久的將來，你的人生當中將會有一個可以成功的機會，或有一個向上發展的轉捩點，但是神明知道形象是你比較欠缺的要素，如果沒有加以提醒，這個成功的機會及轉捩點就可能會跟你擦身而過；或是就算你某一天成功了，也非常有可能會因為形象的問題，而讓這個成功的果實毀於一旦，甚至身敗名裂。

因此，不管成功與否，神明都一定要提醒：『形象』是阻礙成功的一個絆腳石。

好，弟子，現在要來給你一個臨時考試：針對我剛剛跟你說明的，你還能夠悟出其他什麼道理來嗎？」

想了大約一分鐘之後，我回答紫微大帝：「我想到的是，你剛才講的那句『福兮禍之所依，禍兮福之所寄』可以再延伸出來一個道理——也就是說，如果神明要讓一位信徒夢到自己裸體，是不是也代表著神明已經開始在幫信徒安排未來的成功之路了，就看信徒能不能夠改變自己而已。」

宗天宮紫微大帝點點頭說：「沒錯，就是這樣。要讓問事功力達到爐火純青的境界，『反思的觀念』可是扮演著舉足輕重的角色。

弟子，你知不知道，運用反思的觀念，其實能夠讓你變成一個很有創意的人，因為反思跟創意是有關連性的。我講的這些話你都要記住，只是現在沒有多餘時間講這個，以後我會再仔細跟你說明白。

(2)在哪裡裸體？

現在，我要教你的是，搭配裸體的『場所』來解夢，可以讓你再做進一步的判斷。判斷什麼呢？判斷這位信徒的阻礙在哪裡。

如果信徒夢到在公司裸體，代表現在的公司裡有一個升職的機會。不過，要注意形象，公司已經在暗中觀察了。

如果是在大馬路上裸體，代表著要愛惜羽毛。這表示該信徒給大家的印象比較隨便，最好要改變一下。如果有改變，那麼這位信徒未來的前途將不可小覷，因為馬路所代表的意義是：前途的道路很寬廣。

如果是在異性面前裸體，代表不要輕易地把自己的身、心一下子就交給對方，需要再多觀察一下；另一方面，雖然對方對你同樣抱有好感，但也在觀察你的品性。

(3)另一層意義

夢到裸體又代表著「無遮攔」。無遮攔有分行為性跟言語性，講白一點，就是這位信徒在行為上跟說話上太過直接，很容易得罪人。

弟子，這種情形就跟抽到歷史典故是「王昭君被打入冷宮」的乙丑籤的含意一樣。或許信徒沒有那個意思，但他人偏偏就很容易會錯意，所以如果有信徒夢到裸體，你要觀察對方是不是有這方面的傾向，如果有就要好好開導一下。

只要有信徒夢到裸體，繼續檢視其他搭配裸體的夢境成分，便可幫你更進一步知道這位信徒的人生機會在什麼地方。」

夢境	夢境狀況	代表意義
裸體 要注意形象，而且神明已開始幫忙安排未來的成功之路。	**在公司裸體**	現在的公司有一個升職的機會，也已在觀察你的形象。
	在大馬路上裸體	給大家的印象比較隨便，最好要改變。
	在異性面前裸體	★不要輕易地把自己的身、心一下子就交給對方，需再多觀察一下。 ★對方雖然對你也有好感，但仍在觀察你的品性。

4 夢到在考試

「如果有信徒夢到考試，代表著兩種含意：

(1) 測試知識與能力有沒有成長？

以弟子你本身為例好了，你問事這二十年來，相信早就夢過無數次的考試了，我相信你應該知道讓你夢到考試的原因，但我還是想聽你親自講講看。」

我想了一下，然後回答紫微大帝：

「一、夢到考試是神明在評估我到底學到什麼程度；二、從考試的結果就可以知道我有沒有用心在學習。」

紫微大帝說：「沒錯。夢到考試的第一種含意就是在測試你的能力，你是一個神職人員，如果專業知識不足，或者只有一知半解，很容易就會害人又害己。讓我透露一個天機，你夢到自己在考試，其實考你的人有些是神明，有些是上天。

我也知道你夢過自己考試考過一百分、六十分，甚至不及格的都有。記得三個月前，我在夢中考你『陰宅墓碑蔭屍判斷法』時，其中有一部分你只考了四十分，你拿到考卷後一直悶悶不樂，不太想講話，直到一個月後的補考考到八十五分，才開始有笑容。」

我對紫微大帝說：「夠了，前面的部分不需要講太多，說我考八十五分這個部分就好了嘛！話說到這裡，那次你考我『陰宅墓碑蔭屍判斷法』時，是叫我畫圖，而且還要畫在墓碑上，我不擅長畫圖，當然就慢慢畫，誰知道一下子時間就到了，是因為這樣才考不及格的，所以，我覺得你出考題的方式應該要改變一下。乾脆這樣好了，你先在墓碑上畫好，我來寫這個墓碑是什麼狀態、那個墓碑是什麼樣的狀態，這樣不是很好嗎？節省時間又方便考生作答。」

話才說完，我就發現紫微大帝的臉色不是很好，嚇得我立刻改口：「賣啊內啦，我只是建議而已啊！你要我畫，那我就畫嘛！」

我接著問紫微大帝：「我可以跟你講一件事嗎？但你不能生氣，也不能再叫我罰站喔！」

「好。」紫微大帝回答。

「如果你不是天神，而是凡人的話，我覺得啊……，你的人際關係應該不會很好，甚至會時常接到客訴；此外，可能還會夢到裸體，夢到之後，還會抽到乙丑籤。」

「＃&*＃@$……」

(2)考驗性格、習氣

「如果信徒夢到在考試，第二個含意就是考驗一個人性格上最容易犯錯的部分，例如個性、習氣。

就某種意義來講，就是要讓信徒知道自己哪個部分沒有成長、不成熟。要記住，若是夢到性格方面的考試，通常在夢中信徒會很容易知道要考什麼，例如EQ、反省、待人處事等等。此外，還會在夢中知道考試結果，進而判斷性格上的缺點有無改善。

弟子，你要記住一個重點，神明要考驗一個人，就表示要給這個人一個禮物，通過了考驗，禮物就是你的，可能是提升智慧、職場升遷、人際關係的進步、貴人相助等等。

神明是慈悲的，知道性格、習氣不改，一定會影響到接下來的生活、事業或家庭，所以才給予考驗，也一定會幫你通過考驗。這就是夢到『考試』最重要的意義。所以，夢到考試其實算是一種好的夢。」

夢境	代表意義
考試	**測試知識與能力有沒有成長？** 1. 神明在評估你到底學到什麼程度。 2. 從考試的結果就可以知道你有沒有用心學習。
	考驗性格、習氣 考驗一個人性格上最容易犯錯的部分，例如個性、習氣，讓信徒知道自己哪個部分沒有成長、不成熟。

特別提醒：

神明考驗一個人，就是要給這個人一個禮物，只要考驗過了，禮物就是你的，可能是提升你的智慧、職場升遷、人際關係的進步、貴人相助等等。

5 夢到被追趕

「弟子啊，弟子，有時候我真的被你氣到想要拿藤條開打，但我也知道你是一個性情中人，不貪，又不取不義之財，實在是難能可貴。所以，雖然有時心生許多處罰你的方式，最後總是作罷，但你今天竟敢說我人際關係不好，會被客訴，甚至還說我會抽到乙丑籤……，看來今天不給你一些處罰是不行了。」

同時，紫微大帝好像要從公事包裡拿出什麼似的，但我不怕，小公事包不可能放藤條。

「什麼！」晴天霹靂，此時此刻，忽然豬羊變色，我忍不住喊出聲，「哪有可能啦！真的是見鬼了，那個公事包是百寶箱嗎？」

我看到紫微大帝從公事包裡拿起一個跟天公爐一樣大的香爐，想要往我的頭砸下來，我嚇得拔腿就跑，邊跑邊回頭大叫：「你怎麼這樣啦，哪有可能裝一個天公爐在裡面啦！你以為你是多啦A夢喔！媽呀！」

我一直跑，一直跑，這個時紫微大帝忽然大喊了一聲：「停！」

哇塞，那個音量大到我嚇得立馬停下來，上氣接不著下氣的對紫微大帝說：「老師，拜託，拜託，你千萬不能砸我的臉啦！」

「好了，不要鬧了，我現在是在實境教學。」紫微大帝用很嚴肅、也很威嚴的口氣說。

「什麼實境教學啦？」我發抖的問。

「我現在要講的夢境成分是：夢到被追趕。

好了，不要發抖了，注意聽好。如果有信徒夢到被追趕，代表在某段期間要避免與人衝突。但是，有一個重點你必須要追根究柢——這位信徒在夢中被追趕的前因後果，這才是重點。以後一定會有信徒問你：『老師，夢到被追趕是什麼意思？』這時候你應該知道怎麼回答了吧！沒錯，**先了解夢中被追趕的原因才是重點**。

延伸上面的話題，順便考考弟子一下，如果信徒夢到被追趕是因為自己打人或自己先做一些挑釁的動作、言語等，那代表什麼？」

我回答：「那就代表錯在這位信徒身上！這不就和你剛剛追我的道理一樣？我不會無緣無故被追趕，是我先說一些話讓你很生氣——我是挑起那個戰端的人，引起你情緒上的波動，所以你才開始追我，這就是『因果關係』。」

紫微大帝說：「很好，孺子可教也！相對的，如果信徒夢到被追趕，主因是因為朋友先跟人起衝突，才導致一起被追趕，那就代表會受到連累、受到池魚之殃。總之，單單夢到被追趕是無法解出任何答案的，你還要搭配分析其他夢境成分，才能精準掌握解夢的角度，因為世間萬物幾乎都是從陰與陽開始產生變化，很少是單一的純陰或純陽在變化，懂嗎？」

我搖搖頭表示不懂，但宗天宮紫微大帝對我說：「不懂沒關係，這是易理，以後我會教你易卦，讓你的問事能力更上一層樓。」

夢境	夢境狀況	代表意義
被追趕 某段期間要避免與人衝突。	**因為自己的錯而被追趕**	事情禍端來自自己的性格、情緒，需多加注意控制自己的脾氣。
	因為朋友的錯而被追趕	受到連累、受到池魚之殃。

6 夢到在飛（往上、往下）

「接下來的課程要講：夢到在飛。以後如果有信徒問你：『老師，我夢到我在飛。』這時候，你要胸有成竹且充滿信心的問這位信徒：『夢裡面你是往哪裡飛？』」

我摸著頭不解的問：「難道往哪裡飛還有特別的意義？」

紫微大帝說：「當然！弟子，現在把我講的重點記在筆記本上。如果信徒夢到自己在飛，有幾個搭配的成分要注意：

(1)往哪裡飛？

(a)若是往上飛，代表現在運勢正好、正強，要好好把握。例如，如果這位信徒現實生活中真的剛好有人在跟他談一件生意、想要找他合作一件合作案、或有人要跟他簽一份合約，那就是要告訴這位信徒，要好好把握現在的時運，機會到了，即將展翅高飛。

(b)若是往下飛，代表現在的運勢已不像之前那麼強，即將開始慢慢走下坡。如果現實生活中真的剛好有人在跟信徒談生意、想找他合作一件合作案或簽一份合約，那就是在提醒信徒現在的時運不對，先暫停。具體一點來說，往下飛並非說永遠不能做，而是要趨於保守。在對的時機做，才能萬無一失——在對的時機做，相對來說失敗的機會將減少許多。

不管什麼方法或交通工具，只要在夢中呈現的是「往上」爬升，就可以判斷對信徒是有利的、運勢開始轉強、時機到了。弟子，跟你講一個訣竅——時機，是神明最注重的要素之一，時機若還不到，就算神明要幫忙也是有限度，這就叫做『定數』。所以，不要只會說『冥冥之中有定數』，還要知道它的涵意。待時機一到，我再教你如何在定數以外幫信徒解決問題——就是信徒的機運還未到時，要怎麼幫他。」

我一聽，整個眼睛都亮了起來，一直點頭說：「好，好，你快教我。」

紫微大帝卻說：「你先把這個學好，等基本功穩了再教你，這樣才能領悟得出我的精髓。弟子，『天行健，君子以自強不息』，我雖會教你，但你自己也要多充實知識，這樣我們才配合得起來，達到『神五分、人五分』的境界。如果你不長進，不讀書，文學造詣不高，歷史知識又不足，那要怎麼解籤詩？解籤詩最主要的就是文學造詣跟歷史知識，然後神明再給你一些靈感，結合這三項成分，才可以把籤詩解得出神入化。同樣的，若你什麼都不會，一天到晚只想靠神明給你靈感，頂多也只能解出三分而已。

(2)你搭乘的是什麼交通工具？

好了，我繼續往下說。關於這種夢境，還有一個非常重要的分析重點，這將成為你解夢比別人準確的關鍵，一定要記起來。了解夢到『往上』或『往下』的意義後，如果還能搭配『交通工具』這個夢境成分，就可以把夢解得更加準確，因為你會推算信徒的時運走得速度『快』或『慢』。

如果信徒是夢到搭飛機往上飛，那就是代表時運往上爬的速度很快，也就是快到了；如果是搭飛機往下飛，那就是代表時運下降的速度很快，不能等閒視之；如果是騎腳踏車往上坡騎去，那就是代表時運會慢慢爬升；如果是騎腳踏車往下坡去，那就是代表時運會慢慢下降……，以此類推。

總之，只要是夢到『往上』或『往下』的這種夢境，大部分都會有它搭配的交通工具——搭配交通工具才可以讓我們知道運勢變化的速度有多快；就算沒有搭配工具，至少是用走的，那夢境就會變成你慢慢的往上走或慢慢的往下走。」

夢境	夢境狀況	代表意義	延伸狀況和說明
在飛	往上	代表現在的運勢正好、正強，要好好把握時機。	★搭配「交通工具」來分析 **搭飛機**↓表示時運往上爬的速度很快。 **騎腳踏車或走路**↓表示時運慢慢爬升。

往下	代表現在的運勢已經不像之前那麼強，即將開始要走下坡，因此行事決定需要趨向保守。	★搭配「交通工具」來分析 **搭飛機**→表示時運下降速度很快，不能輕忽。 **騎腳踏車或走路**→表示時運會慢慢下降。

閉關筆記整理到這裡，我真的很佩服宗天宮的紫微大帝教我這些不為人知的《解夢天書》的內容，因為如果沒有神明教我這些夢境成分的分析，我還真的不知道運勢起落的速度原來是暗藏在交通工具中。你是不是也覺得非常不可思議呢？先不要急，後面還有更驚人、精采的內容。大家慢慢學吧！

7 夢到人死亡

「現在要講解的是：夢到人死亡代表什麼意思？夢到人死亡又要搭配什麼樣的夢境成分，才能夠把夢解得更完整、更準確呢？這便是接下來的授課。

(1)先不要慌

夢到人死亡，可以從『好』與『不好』兩個角度去解，至於要怎麼決定，請擲筊請示神明。因此，當信徒夢到家人或長輩死亡時，弟子，你要先跟信徒講不用緊張，搞不好就是從好的方面去解。

(2)從「好的」角度去解

夢到長輩死亡，請示過神明後表示是要從『好的』角度去解，那就代表你在幫這位死亡的長輩添壽。為什麼會被你夢到呢？那是因為你平時做的功德很多，所積的福報也很厚澤，神明或上天知道你的陽壽足以給你那位長輩一年或兩年（確切時間多久只有神明才知道），再加上你平常有在行善積德，神明及上天會再補你陽壽，所以才會做這種夢。換另一個角度來看，神明或上天會讓你來幫長輩添壽，就某種程度來說，其實是對你的修為與德行的肯定。

(3)從「不好」的角度解

夢到長輩死亡，請示過神明後表示是要從『不好』的角度去解，那就是在指示夢中那位長輩要注意厄運或關限。至於時間點在什麼時候，就得再繼續請示神明才能夠知道。

弟子，你必須知道，神明不會隨便給信徒這種夢，一旦信徒夢到家人或長輩死亡，代表的就是一件關乎生死的運勢，因此一定要告訴信徒，夢到這種夢，千萬不要等閒視之。

除上述幾點以外，我再跟你講一個重要訣竅。

如果夢到長輩或家人死亡，而且要從『不好』的角度解，可再搭配夢境裡的其他成分，來幫助你判斷這位長輩會發生什麼樣厄運，以及發生這個厄運的時間和地點，讓信徒比較有目標做好預防。

比如說，如果夢境是在海邊、河邊或溪邊死亡，那就有可能表示這個厄運會發生在跟『水』有關聯的地點。這一點是訣竅中的訣竅，你千萬要記在心裡。

你還記得一件案例嗎？就是那個『蓋運碗破，命即將破』的案件。回想一下，當時城隍爺給你的夢境片段，除了顯示『那對夫妻的孩子全身插滿鐵絲死亡』外，還有一個夢境片段是『這孩子死亡時全身卻沾滿了泥土』，記得嗎？」

「有。」我毫不考慮的回答，因為這個案件讓我印象非常深刻。

紫微大帝接著說：「城隍爺知道當時你有在思考為什麼這孩子身上都是泥土，但你那時沒有繼續請示。沒關係，你現在回想一下那時的夢境，再加上實際發生的情況，兩相對照，答案是不是就出來了？

這孩子是跌進道路施工的洞裡，才會全身都是泥土，這樣你了解當時你夢到孩子全身是泥土的涵意了吧？」

聽完紫微大帝的解說之後，我的內心大為震驚：「天啊，原來是這樣啊！」說實話，我當時確實有懷疑為什麼孩子全身都是泥土，就是沒有參透到孩子的往生除了跟鐵絲相關，還跟泥土有關係。

紫微大帝繼續對我說：「沒關係，有些夢境隱含著天機，能對『泥土』這個成分產生好奇，就表示你的悟性不錯。接下來神明還會教你『夢境的整合』，這個部分才是頂尖的神職人員該學的。

好吧，看你聽得那麼認真，我在這裡先透露一些好了。弟子，你還記得當時城隍爺指示這孩子在某段期間的亥時不要出門嗎？你試著整合一下：

全身鐵絲死亡＋全身泥土＋亥時不要出門＝？

你可以從這一個組合參透出什麼答案嗎？這就是頂尖的神職人員該學的一門整合訣竅，了解了吧？」

天啊！我愈聽愈覺得不可思議，也愈覺得自己原來不懂的還有那麼多。這些訣竅如果沒有神明教導，或許我一輩子也無法參透到這種境界。所以，當下除了對紫微大帝的深懷感恩，我還告訴自己，無論如何一定要成為一位頂尖的神職人員，一本初衷，自始至終，這樣才不會枉費神明對我的栽培。

夢境	夢境狀況	代表意義
長輩死亡	請示神明後從「好的」角度解	★你在幫這位長輩添壽。 ★神明肯定你的修為和德行。
	請示神明後從「不好的」角度解	夢中那位長輩要注意什麼厄運或關限。 特別提醒： 若要從「不好」的角度解，可再搭配夢境裡的其他成分，來判斷這位長輩會發生什麼樣的厄運，以及發生的時間和地點，有助於做好預防。

8 夢到水

「弟子，接下來我要教你解的夢境是關於水方面的，這是常見的夢境之一，所以你要好好記起來。

水等於財，所以只要夢到水，腦中第一想到的就是『財運』。

除此之外，夢到水還要搭配幾個元素一起分析，才能夠知道來龍去脈、前因後果，解出來的夢才夠精準。只要有能力把夢解得準確，就某種意義來看，就代表可以完全掌握神意，把神明的意思完整表達出來，這是神職人員最難做到的一部分。希望弟子你在精進自己之外，將來也可以培養出一些能真正傳達神意的神職人員。

那麼，要注意什麼元素呢？

(1)注意夢中的水呈現什麼樣的狀態

水呈現什麼樣的狀態，代表『這位信徒的財運即將會發生什麼樣的狀況』。

舉例來說，如果有信徒夢到家裡的水龍頭沒關，導致水一直流掉，那就代表他的錢財一直在浪費，無止境的流失、揮霍掉。我再教你深入一點的訣竅：如果信徒要來找你問他的財運而夢到這種夢，你應該知道是什麼原因了吧？」

我回答：「如果沒有其他原因或欠點影響這位信徒的財運，那就是他本身的問題了，屬於人為因素所造成的，這種情況，神明能幫的就有限了，我唯一能做的，就是建議信徒改變自己的理財習慣，要開源節流，這才是根本的解決之道。」

紫微大帝一聽，很開心地回我：「很好，你還會回答到『如果沒有其他原因或欠點影響』，表示你的思考已經多面向了，我很欣慰。不過，學無止境，我再教你一個可以精進思考的重點，那就是——注意夢中是誰開水龍頭而沒有關或忘記關，然後去做什麼事。如此，就能知道這個人的錢都浪費在哪裡。舉例來說，如果有一位信徒在打麻將，打到忘記關水龍頭，即意謂著錢大部分都花費在『偏財』方面。

水的呈現狀態很多，無法一一道出，就像前面講過的，天下萬物都可以成為夢境，所以很難全部寫入一本書中，我只有教你『悟性』，只要悟性強，以後信徒要是有類似的夢，你就能以此類推參透出道理來。比方說，信徒夢到家中的水管、水塔破洞，呈現出漏水狀態，那就要有能力參透出這位信徒有『漏財』的狀況，至於是哪方面的漏財，就要從夢中的其他元素去參透，當中的竅門你可以理解吧？」

我點點頭表示理解。

紫微大帝接著說：「弟子，你以後教學生解夢是沒錯，但要教學生悟性、領悟力才是重點，只要悟性、領悟力強，遇到任何夢境元素都可以輕而易舉的解出來，還是那一句老話：『水無常態、法無定法。』只要是一成不變的，就不是宗教。就像我之前教你初階《易經》的時候講到的，《易經》有一個原則：『天下萬物，沒有一樣是不變的。』不過，仍有一樣是不會變的，那就是——『天下萬物，沒有一樣是不變的』這個道理是不變的，因為……」

「可以了，可以了，」聽到這邊，我馬上打斷紫微大帝，「對不起，弟子比較愚昧，現在是講解夢，如果你再摻入其他領域的知識，我恐怕會亂掉。易理這方面以後再講可以嗎？」

紫微大帝沉默不語，我偷偷用眼角瞄，也沒看到他有任何表情，猜不出他生氣與否，但話講到興頭上被我打斷，心情應該不是很美麗吧，我猜。

(2)要注意夢中水的流向

「好吧，那我們就專注在解夢就好。解夢有一體兩面，也就是一陰一陽，以後你在看問題或處理問題時，一定要顧慮到陰陽兩面，這樣問事才夠細膩，處理事情來也才會面面俱到。至於水的陰陽兩面又是什麼呢？簡單來說，就是正、反兩面——觀察夢中水的流向。

如果夢到外面下大雨，水一直往家裡面流入，那就代表有一筆錢很有機會進來；如果夢到這個夢，最近又剛好跟人在洽談生意，那就要好好把握機會。相對的，如果夢到水往外面流出去，那就代表有一筆錢可能會流失掉，此時就要特別注意了。同樣的道理，要看金錢如何流失，得再參考夢中其他的元素。

總而言之，想要學解夢的人如果夢到有關水的成分，要先檢視：(1)水的呈現狀態如何；(2)水的流向最好的狀況是往家裡面流，而不要往外流——這就是所謂財流入，而不是財流出。」

夢境	夢境狀況	代表意義	延伸狀況和說明
水 代表財運。	**水的狀態**	代表財運即將會發生什麼樣的狀況。	★**家裡的水龍頭沒關，導致水一直流掉**↓錢財無止境的流失、揮霍掉。 ★**打麻將打到忘記關水龍頭**↓錢大部分都花費在「偏財」上。

水的流向	財運的流向。	★家中水管、水塔破洞漏水↓有「漏財」的狀況。 ★外面下大雨，水一直往家裡流入↓有一筆錢有機會進來。 ★水往外面流出去↓有一筆錢可能會流失掉，要特別注意。

9 夢到遲到

「弟子，現在要講的夢境是『遲到』，這種夢境你自己本身也夢過好幾次了，對吧？」

我點了點頭。

「好，既然你點頭，那就表示你對這種夢境成分有一定程度的了解。現在換個方式，換你講給我聽。如果你講得出來，就表示你懂；如果講不出來，或講得讓我聽不懂，那就表示你只是一知半解。」

「你的意思是我當老師，而你當學生，是這個意思嗎？」我好奇且驚訝地問道。

「我沒這麼說，那是你自己說的，你想很久了是不是？」紫微大帝冷冷的回答我，眼睛連看都沒看我。

「我哪有想很久！好吧，既然你都這麼說了，那我就試試吧！」我繼續說下去，「如果信徒夢到遲到，那就代表有一件事快要被延誤，要趕緊好好把握機會。一般若夢到遲到，夢境還會搭配其他成分，例如要去哪裡遲到、要做什麼事遲到、要跟什麼人見面遲到等等，這些都是跟遲到一起搭配的夢境成分，可以讓我們掌握更多的細節，把這個夢境解得更精準。

兩個月前有一位先生來問事，主要是要問一個夢境：

夢境實例　與太太約會卻遲到了

一位先生夢到他跟他太太約在一間餐廳要談事情，可是他因為被一些事耽擱到而遲到一個多小時，等到他到達這間餐廳時，他的太太已經離開了。

這位先生告訴我，相同的夢境已經夢過不下三次，共同點都是夢到他跟太太約好在一個地方見面，最後卻因為遲到導致太太離開。

原來，這位先生跟太太長久以來因為一些問題鬧得很不愉快，這陣子雙方談到要離婚。以這位先生的夢境來看，雙方已約好要在一個地方談事情，最後都是他自己因故遲到，導致到達目的地時太太已經離開。那麼整體看來，如果雙方不幸離婚，其實這位先生要負大部分的責任，因為夢中都是他遲到，這就代表這段婚姻快要被他耽誤了，如果再不積極溝通與協調，他太太就快要等不下去，要離開了。

一問之下，原來這位先生沉迷賭博性電玩已好幾年，把家裡的積蓄都賭光了，連房子都要拿去借貸來翻本，他太太一直勸他不要再賭，他口頭上雖答應，私底下又跑去玩。他太太發現後，哀莫大於心死，終於提出要離婚。向宗天宮媽祖請示確認過後，這位先生的夢確實是在指示他，如果再繼續沉迷於賭博，這段婚姻就將要被他延誤，不只是自己，連太太、孩子和整個家庭都會被延誤，憾事一旦發生，想後悔就來不及了。

幸好這位先生最後有把宗天宮媽祖的話聽進去，及時回頭，雖然過去已輸了不少錢，但至少這個賭博習慣改了過來，媽祖也告訴他，只要不再犯同樣的錯，祂會幫助他們一家重新站起來。後來這對夫妻自己在菜市場賣水餃，在媽祖的幫忙與庇佑下，生意一天一天的好了起來，雖還沒有償還完負債，但至少三餐無虞。

⑴要注意因為何事、何人而遲到

以這個案件來看，這位先生一直夢到他遲到，我首先就是要先檢視兩個成分：

一、他夢中是因為什麼事遲到？

二、夢中是否跟人有約而遲到？

檢視這兩個夢境成分不只可以助我了解整個案情的來龍去脈，也讓我的思考有多面性，最後才能理解出神明真正要表達的意思。請示紫微大帝，弟子這樣敘述不知道是否正確？」

紫微大帝很開心的點頭說：「弟子，講得很好。要成為一位頂尖的老師，就要有非凡的見解，記住：『不是非凡不足以成為經典，不是經典就不能成為永恆。』關於『遲到』這個夢境成分，你能有這麼完整的見解，雖還有進步空間，但已實屬不易，我再補充一些。

(2)因為遲到而錯失了搭乘的交通工具

夢到遲到還會有另外一種成分做搭配，那就是夢到要去搭飛機、船、公車等交通工具，但因為遲到，最後錯過了。

夢到這種夢，代表事業上原本有一個很好的機會，卻因他漫不經心、沒有時間觀念、不積極、拖拖拉拉，導致原本的大好機會快要失去了，必須趕緊加把勁。然而，『遲到』跟『誤點』的解法不同，『誤點』這個成分後面會提，現在先不講。

弟子，以後如果有信徒夢到這種遲到的夢境，千萬要注意一個竅門，那就是要檢視『雖然遲到，但最後有沒有錯過什麼東西』，夢境的結局通常暗示著案件的未來發展。」

夢境	夢境狀況	代表意義
遲到 有一件事快要被延誤了，要趕緊把握機會。	**因何事、何人而遲到**	代表與夢中相關的人彼此之間的事情，即將發生狀況，而且是因為自己的因素所造成，必須多加留意。
	因遲到而錯失了搭乘的交通工具	代表事業上原本有一個很好機會，卻被做夢者的漫不經心、不積極，而導致原本的大好機會快要失去，必須趕緊努力，才能挽回。

特別提醒：
必須搭配其他成分，如要去哪裡遲到、要去做什麼事遲到、要去跟什麼人見面遲到等等元素，做一併的考量。

紫微大帝講完後，我真的佩服得五體投地，心裡面直喊：「哇塞！」有神明教真的就是不一樣，可以學到非常深入的見解，尤其是最後那一句：要檢視「雖然遲到，但最後有沒有錯過什麼東西」，夢境的結局暗示著案件的未來發展。我真的開始認同這句「不是非凡不足以成為經典，不是經典就不能成為永恆」了。

10 夢到房子地震

「現在我要講的這個夢境成分是『房子』。要記住，房子代表的是一個『家庭的家運』，所以如果有信徒夢到房子地震，那就可能在講該信徒的家運要發生什麼變化了。

然而，一般夢到房子都還會顯示其他夢境成分來做搭配，才能解得很準確，例如地震、牆壁裂掉而漏水、房子倒塌等等。

(1) 夢到家裡地震，晃了一下就停了

代表家裡面的成員會因為一些小事而產生一些不愉快，也有可能會引起一些口角，但這個口角不會很嚴重。如果信徒夢到這種夢，你還要繼續檢視夢中發生地震時，當時家中的成員有哪些人，這些成員就是信徒家裡有可能會發生口角的家庭成員。弟子，還有一個重要訣竅要特別記住，那就是要特別問信徒：『在夢中，家裡正在做些什麼事後，才發生地震的？』問這個，就能知道家裡是因為何事引起口角的。弟子，雖然你以前已經知道了一些，但今天我要教你更深入的解法，這樣你了解了吧？」

「喔喔，懂了懂了，原來是這樣啊！宗天宮紫微大帝呀，我今天總算見識到神明的智慧了，弟子我真心的感謝您的教導。」

紫微大帝回答我：「不用謝我，你是我一手栽培起來的，我一定會用心教你。你若真的想感謝我，那就要好好把我教你的用心記起來，每天都要花時間去參透領悟，精進自己的功力，配合我們神明濟世救人、普渡眾生，等到宗天宮興建落成之時，開始開班授課，把我教你的這

些再傳給後代有緣人，這才不枉費我們的栽培，這也是對我們最好的感謝了。好了，我們把握時間，繼續把這個部分講完。

(2)夢到房子有地震，最後「牆壁裂掉而漏水」

那就代表家裡面有人會因為一些事而發生破財的情況。同樣的，再搭配夢境中出現哪位家人後，或誰在講話後才開始地震，就可以來做進一步的解夢判斷了。

(3)夢到房子有地震，最後「房子倒塌」

代表家裡的這個爭吵或事件會很嚴重，會讓這個家四分五裂，也可以解成家運已經快要陷落，要趕緊請示神明如何不讓憾事發生。同樣的，夢到這種夢境大部分都還會再出現哪位家人、哪些話、因為什麼事後才開始地震，最後倒塌。這些重要夢境成分就好像是一些重要的依據，可以幫助我們來做更精準的解夢判斷。

比較嚴重的是夢到房子有地震，『然後瓦斯起火或爆炸，最後是房子倒塌』，那就代表家裡的這個爭吵或事件會讓家中成員彼此的火氣非常大，還很有可能會打起來，最後導致這個家四分五裂。

(4)夢到地震的場景是在「臥室」

就代表最近與另一半會因為一些事起爭執。當然還是要看是否有其他夢境成分的搭配，才能夠精準的全盤了解。

總之，你要記住一個重要觀念，就是信徒夢到地震時，一定會再出現一些場景或狀況的夢境成分，例如剛剛所講的牆壁破裂、漏水、瓦斯起火、倒塌、出現哪位家人、說過哪些話、因為什麼事後才發生地震等來做整體的夢境搭配。

這些搭配就如同重要的證據或線索，能幫助你掌握問題的根本，如此一來，才能做更精準的解夢判斷與分析，進而幫信徒徹底解決問題。」

夢境	夢境狀況	代表意義	延伸狀況和說明
房子地震 房子代表家運，夢到房子地震，可能在講家運要發生變化。	**晃了一下就停**	家中成員會因為一些小事而產生不愉快口角，但不會很嚴重。	★**發生時，家中的成員有哪些？** 家裡有可能會發生口角、破財等事件的家庭成員。
	最後牆壁裂掉而且漏水	家裡有人會因為一些事情而破財。	★**家裡正在做些什麼事？** 家裡是因為何事而引起口角、破財、家運衰落的。

最後房子倒塌	★家裡的爭吵或是事件很嚴重，讓家四分五裂，也可以解成家運快要陷落。 ★要趕緊請示神明如何不讓憾事發生。	
場景是在臥室	代表最近與另一半會因為一些事有所爭執，但必須參照夢中其他元素來分析。	★**晃一下就停** 表示有爭執，但這個爭執不會很嚴重。 ★**牆垮頂塌** 爭執會非常嚴重，甚至造成家庭從此分離。

說實話，每當宗天宮紫微大帝教完我一個部分後，我內心總是滿滿的感恩，因為這些竅門如果沒有神明教導，恐怕一輩子都很難學到。

宗天宮眾神明，弟子一定會用心學習，也一定不會辜負你們對我的期待。

11 夢到懷孕

「弟子，將來一定會有信徒夢到懷孕，有幾件事你必須要先釐清才能做判斷，因為夢到懷孕會牽扯到一些複雜的因素，以下是一些判斷指標：

(1)被夢到的那個人如果是已婚

如果被夢到的那個人已婚，但結婚多年還未懷孕，那就可能在提醒這個人懷孕的時機快到了，接下來要好好把握。

此外，我還要教你從夢境判斷是懷男孩或女孩的獨家訣竅。如果被夢的人已婚，神明有可能在夢中再搭配一些成分，暗示孩子是男是女：若夢境中有拿、有買或種一些花，請注意花是什麼顏色，如果是白色，那就是男孩；如果是紅色，那就是女孩。要是夢境沒有顯示花的顏色，就注意夢中有沒有看到、拿到男孩或女孩的衣服，這也是一種判斷指標。

話說回來，其實不需要在意有沒有夢到可判斷性別的夢境成分，順其自然就好。講得深入一點，就算夢到可判斷性別的夢境成分，我還是建議不要說破，這種事情有時候說破反而會落空，還是平常心就好。

(2)被夢到的那個人是未婚且有對象

如果被夢到的那個人未婚但有對象，那就可能在暗示兩性相處時要特別小心，因為雙方的交往情況已經走到可以開花結果的階段，應該可以好好規劃了。要是現實當中你們還沒有談到結婚方面的事，那麼預防措施就要做好。

神明為什麼要給當事人托這種夢呢？原因有二：

第一個原因是，提醒你們開花結果的時機已經到了，談結婚正是時候，一旦錯過這個時機，不知道還要再等多久。重點是：等待的這段期間，雙方極可能會發生一些不愉快的事，進而導致感情生變，使時間愈拖愈長。

第二個原因是，若雙方還不想結婚而不小心懷孕，那很有可能會走到墮胎的地步。以宗教的角度來看，這是一種損陰德的行為，千萬要小心。神明可能已經查到會發生這種情形，所以趕緊托夢提醒你。

(3)被夢到的那個人是未婚也沒有對象

如果被夢到的那個人是未婚也沒有對象，那就要再搭配一種重要的夢境成分——有沒有曾經數次夢過跟異性發生性行為。

若有過這種夢境，接著還要再觀察臉部的氣色是否黯淡無光——有點暗黑色，但不是曬黑的那種黑，而是身體不好、氣虛的黑。如果臉色有呈現這種暗黑色，就要檢視身體是不是也很不好。身體如果也不好，最後再檢視是不是感情、運勢也都不順。

如果這些判斷指標——夢中有性行為、氣色發黑、身體不好、感情運勢不順——剛好都有，那就很有可能是遇到不乾淨的東西，以宗教術語來講，就是「迷花」，但是不是確實遇到迷花，還是要請示神明後才能確定。

最後還有一種情況，如果被夢到的那個人未婚且沒有對象，也沒有遇到迷花的話，那就代表這個人有可能即將製造出一種全新的氣象。

什麼意思呢？就是如果公司或家裡目前呈現出一股低氣壓，那麼被夢到的這個人或許可以帶領大家走出這個負壓氛圍。

總之，**不管是夢到自己或是家人懷孕，千萬不要立刻下判斷**，這樣會顯得這個夢解得很草率。建議一定還要再搭配其他夢境成分，以及綜合一些外表上與現實生活上的指標，才能做一個『可能性』的判斷。」

夢境	夢境狀況	代表意義
懷孕	被夢到的那個人已婚	提醒這個人懷孕時機快到了，要好好把握。
	被夢到的那個人未婚但有對象	★**暗示雙方的交往情況已經走到可以開花結果的階段，要好好規劃**→一旦錯過這個時機，可能要再等一段時間。 ★**要是還沒有結婚的準備和計畫，那預防措施就要做好**→如果不小心懷孕，就可能會走到墮胎的地步。

被夢到的那個人未婚也沒對象 **+** **是否曾數次夢過跟異性發生性行為** （兩者須合併分析）	**★有+再觀察臉部的氣色是否黯淡無光** 夢中有性行為、氣色發黑、身體不好、感情運勢不順等等剛好都有，就很有可能是遇到「迷花」，但要請示神明後才能確定。 **★有+也沒有「迷花」狀況** 代表這個人有可能即將製造出一種全新的氣象，例如可以帶領大家走出負壓氛圍。

特別提醒：

若夢境中有拿、有買或種一些花，花的顏色若是白色，那就是男孩；若是紅色，那就是女孩。此外，夢中有沒有看到、拿到男孩或女孩的衣服，也是一種判斷孩子性別的指標。

12 夢到迷路

「如果夢到要去一個地方，走著走著卻迷路了……」，弟子，將來不管是你的學生或信徒，都一定會有人夢到這種夢境。只要夢到這種夢，就必須要再搭配一些夢境成分，才能夠做全盤性的判斷。

然而，不管夢中出現幾種夢境成分，有一個非常重要的判斷指標你一定要記起來的，那就是——**迷路之後，最後有沒有找到出路？**

有找到出路跟沒找到出路，解夢角度完全不一樣。

如果夢到走著走著迷了路，開始著急要找出路，而你找的每一條路通通都沒有辦法走出去，最後還是回到原點——若夢到這種夢境，代表你對目前的人生感到迷惘，迷失了方向，不知道『出路』在哪裡，也不知道要往哪一個方向走，繞來繞去最終還是回到原點。針對這個狀況，並不能說一定沒救了，而是要下一番很大的功夫跟精神才能夠補救。

請注意，神明不會隨便給你托夢，夢到這種夢境，通常都代表神明要提醒你幾件事：

(1)找不到工作的人

如果已經有一段時間沒有工作，也不知道想做什麼，就算知道得找工作，但就是不曉得找什麼工作才好，神明正是要告訴你，先穩定自己的心性，不要慌亂；一慌亂，就會六神無主，嚴重的話還會導致情緒不穩定。何況，神明既然給你托這種夢，就表示已經準備要幫你了，如果此時你的心還是那麼慌張，就算神明要幫你，也沒有辦法參透神明的苦心。

(2)有離職想法的人

如果你目前有穩定的工作，但因為一些小挫折或跟上司、老闆的意見不合，而開始有離職的想法，若是這樣，就代表神明要告訴你——

(a) 如果真的離職，有可能會造成你接下來的事業方向將受到很大的影響。

(b) 你現在的思維一直在死胡同裡面打轉，走不出來，也就是說——事情其實還沒有嚴重到需要離職。如果這種鑽牛角尖的心性不改，就算是離職到其他家公司，仍然可能會發生同樣的情形。

(3) 如果你是一位學生（不管是大學生、碩士生或博士生）

夢到這種夢，表示神明在提醒你，你快要迷失人生的目標與方向，再不好好加油，不只學業會荒廢掉，還有可能畢不了業，甚至被退學。

(4) 準備要做決策的人

如果你目前不是學生，有固定的工作，再加上你最近如果剛好要做一些決策，請再三思考，一旦做錯決策，有可能會導致事業或人生的方面發生一連串的錯誤。

(5) 具公務人員或民意代表身分的人

如果你是公務人員或民意代表的身分，再加上夢境成分裡面有被關、被困在籠裡或掉進一個深洞裡爬不出來，便是神明正在提醒你不要做違法的事，一旦做錯事而被舉報，不只會影響到事業，更會影響整個人生。

⑹最後有找到出路

如果夢到迷路，但最後有順利找到出路，表示該件事情還有轉圜餘地與一線生機，有機會做補救，要趕快抓緊時間策劃。」

這裡再補充一點，宗天宮開基紫微大帝額外教我的訣竅：「如果信徒夢到迷路，就算是夢中沒有找到出路，但只要注意一下，若夢中的找路過程中有看到『路標』、『路名』或『什麼人物』出現，再加上他『最後是往哪裡走』，這些夢境成分都有可能是幫你把夢解得非常準確，同時也是引導信徒走出迷路的重要指標。」

天啊！愈是記錄閉關筆記，我愈對神明肅然起敬，連這種一般人都不會去注意到的細微末節，都是這麼重要的關鍵。神啊，謝謝祢！

舉例來說，曾有一位信徒夢到他迷路之後走到雙叉路，雖然最後沒有走出去，但曾看到路標，往右是往「第一看守所」，往左是往「平安路」，最後這個人選擇了往左：平安路。一問之下，原來這位信徒是在做一些詐騙的事業，好在他最後選擇了正道。後來，這位信徒的朋友最後全部都被警方查獲，結果就像他夢境中的另一條路一樣——被送去看守所了。

夢境	夢境狀況	代表意義
迷路	**沒找到出路**	**找不到工作的人：**先將心神穩定下來，神明已經準備要幫你了。
		有離職想法的人 1. 如果真的離職，可能接下來的事業方向會受到影響。 2. 思維在死胡同裡面打轉，事情其實還沒有嚴重到需要離職的地步。
		目前是學生：快要迷失人生目標與方向，再不加油，可能畢不了業，甚至被退學。
		正準備要做決策的人：請再三思考，一旦做錯決策，將造成一連串的錯誤。
		具公務人員或民意代表身分的人：夢裡若還有被關、被困在籠裡或掉進一個深洞爬不出來，即警告不要做違法的事，否則會影響到事業和人生。
	有找到出路	表示該件事情還有轉圜餘地，還有機會補救，要趕快抓緊時間策劃。

特別提醒：

注意夢境裡的找路過程中是否看到「路標」、「路名」或「什麼人物」出現，再加上他「最後是往哪裡走」，這些夢境成分有助於將夢解得更準確，同時也是引導走出迷路的重要指標。

夢完「迷路」這個成分分析之後，我就醒了過來。醒來後，其實我心裡面一清二楚，神明如果再不讓我醒來，這麼多的夢境內容，我一定無法完全記錄下來，這就枉費神明在夢中教我這麼多啦！最重要的是，我可不想再站著上課了，你們不知道，夢中紫微大帝的容顏神韻是如此的……，算了算了，不想講了。

醒過來後，我怕一做其他事就把夢境忘了，所以立馬拿起筆記本，全神貫注，以最快的速記法把剛剛的夢境完完整整的記下來，並擲筊確認有三個聖筊後，這才鬆了一口氣。

上完化妝室之後，泡了一杯茶，說也奇怪，也只不過是喝了兩、三口而已，睡意就又來了。那時，我心裡在想，「ㄟ，拜託，你起碼也讓我把茶泡完、喝完，讓我稍微休息一下吧？」也許神明有聽到我那卑微的請求，我還真的把茶給泡完、喝完，過了半小時，我的眼皮又開始垂了下來……睡著了。然後，我夢到……

大聖母的夢境成分解說——第三天閉關

我揹著一個書包走在路上，書包裡放著一臺筆記型電腦，這個時候，一輛計程車開了過來，那位司機對我說：「我載你去一個地方。」

我不加思索的坐上那輛計程車，中途我問司機：「你要載我去哪？」

司機回答說：「你不要問那麼多，乖乖坐好就對了，哪來那麼多話？」

「喔。」我心想，「最近在夢中怎麼都遇到一些怪人，凶巴巴的，連問都不能問，上次那位教蛋捲理論的老師怪，這位司機也怪……」

當車子停了下來，我下車一看，「咦，這不是圖書館嗎？」

這間圖書館位於高雄前鎮區公正路上，我對它很有感情，因為當初為了出國念書而準備托福考試時，就是在這裡K書的。

當我開心且抱著懷念的心情走進圖書館，一位穿著像歌仔戲裡那種鳳冠霞披衣服的中年婦人走過來對我說：「今天由我來教你一些課程，你坐這個位置。」

我上下打量後，好奇的問中年婦人說：「你穿這樣子不會熱嗎？ㄟ，現在是夏天耶，端午節快到了，全圖書館的人就只有你穿這樣，你……有事嗎？」

這位中年婦人瞪眼並對我說：「你再給我白目一點沒關係！」

「OK！OK！你高興就好，不過等一下你頭上那頂像鳳冠的帽子上，有幾根長長尖尖的，可不要戳到我喔！我已經先跟你講了喔……」我對著她說。

中年婦人：「好了，開始上課了，我是宗天宮大聖母，今天要繼續教你夢境成分分析這門課，注意給我聽好囉！」

13 夢到交通工具誤點、來不及搭上、遭竊、找不到

「弟子，你要仔細聽好並記下來。如果有信徒夢到他要去趕公車、火車、飛機等交通工具，要知道還要有幾樣成分做搭配，才能構成一個完整且有意境的夢境。

(1)夢到交通工具代表一個人的事業

只要有信徒夢到車子、火車、飛機等交通工具，你可以往他們的事業、生意、工作或人生道路上去做分析。當然，還要再搭配夢中這個交通工具的情況才能夠下判斷。

(2)夢到要搭的交通工具誤點

如果夢到準時到達車站或機場，卻發現要搭的交通工具誤點，最後導致沒有在計畫的時間內搭上，代表現實的生活中有一件事即將有變化。如果夢到這樣的夢境，就是我們常講的計畫趕不及變化。弟子，你要記住一個重點，交通工具本身的誤點導致沒搭上，背後的意義就是：『錯不在自己，而是在整個環境的變化；講再深入一點，就是你本身已經很努力了，但因為整體環境的不景氣，導致結果跟期待有落差。』這個時候你就要跟信徒講，這種結果不是沒有救，而是要轉型，因應整體環境去做一些改變、調整，還是有機會成功的。

舉例來說，如果有信徒創業多年，因生意業績漸漸往下滑而來找你問事業。如果信徒剛好有夢到這種夢境，那就代表他的事業很有可能是被現在這個大環境所影響，那就可能要做調整、轉型、改變了。

(3)夢到因為來不及而沒有趕上交通工具

如果信徒夢到要去搭火車、飛機、渡輪等交通工具，最後因為來不及而沒有趕上，最後導致沒有在計畫的時間內搭上，就代表現實的生活當中即將有一個事件，很可能會因為『自己本身的疏忽或不夠謹慎』導致沒有成功。

弟子，你要記住一個重要判斷的依據，那就是：**交通工具本身的誤點跟自己來不及趕上，雖然最終結果都是『沒搭上』，但沒搭上的原因卻是截然不同的。**『來不及』這三個字背後隱含著遲到、不小心、疏忽、大意等意味，代表人為疏忽占大部分的主因。

弟子，現在我問你，如果信徒夢到他來不及搭上交通工具，你要如何判斷『來不及』的原因呢？」

一聽到大聖母問問題，我嚇到馬上問大聖母：「如果我答錯了，你該不會叫我站著上課吧！先說好喔，這是圖書館，你有沒有看到，很多人喔。知道嗎？很……多……人。」

大聖母說：「你會怕啊？」

「當然，ㄟ，在圖書館罰站，很丟臉耶！」我答著。

大聖母微笑的說：「不會啦，你說說看，要如何判斷？」

我回答大聖母：「可以從夢境中檢視這位信徒一路上是遇到了什麼情況，才會導致他來不及搭上交通工具。」

大聖母很開心的點點頭說：「對，就是這樣。」

⑷夢到機車或汽車等交通工具失竊或找不到

「如果信徒夢到他的機車或汽車等交通工具失竊或找不到，就代表現實生活當中即將有一個事件要注意，很有可能會因為小人關，才導致事業跟人生受到影響，所以這陣子所言所行要額外的注意、謹慎。

這不能完全說是信徒自己本身的疏忽所造成——這麼說好了，至少裡面有百分之三十是個人因素，其餘百分之七十是非個人因素，至於要確定是什麼因素，那就要進一步請示神明才能夠確定了。所以，弟子，以後你要跟信徒說，如果有這種夢，先不要擔心，因為既然神明會托這種夢，就表示已經在等著信徒來問這百分之七十是什麼因素了。」

夢境	夢境狀況	代表意義
交通工具 代表著事業、生意、工作或人生道路的狀況。	**要搭的交通工具誤點**	現實生活中有事情即將有變化，其中大環境的影響較大，須因應整體環境去做一些改變、調整、轉型，創造成功的機會。
	因為來不及而沒有趕上交通工具	生活中即將有事件發生，很可能是「自己本身的疏忽或不夠謹慎」才導致沒有成功。
	交通工具失竊或找不到	現實生活中即將有一個事件要注意，很可能因為小人關而讓事業跟人生受到影響，這陣子所言所行要額外的注意、謹慎。

14 夢到「夢中夢」

「弟子，你知道嗎？很多人都有夢過夢中夢的經驗，但絕大部分人都不知道夢中夢代表什麼意思？接下來，要教你夢中夢的分析。你學起來之後就要把這些訣竅跟判斷的祕訣傳給後世，讓你的學生將這門學問發揚光大，這就是太上老君說的，一生二，二生三，三生無窮。」

這個時候，我問宗天宮大聖母：「大聖母，我有一件事不懂，就是你們神明要給我們凡人托夢，那你托夢就托夢唄，為什麼還要來一個叫什麼『夢中夢』的？有什麼意義嗎？」

大聖母回答：「你是在急什麼，我不是要講了嗎？」

「ＯＫ，Fine，別那麼凶。」我雙手舉起來說。

這個時候，大聖母突然拿出了一臺ＤＶＤ播放器，然後對著我說：「我先讓你看一個影片，再來解說。」

在影片要播之前，我對大聖母說：「ㄟ，音量小聲一點喔，這裡是圖書館。」

「你是沒看到我有用耳機嗎？你頭腦是在想什麼？」大聖母不耐的回答。

「好啦，我只是提醒你一下而已，幹嘛那麼凶？」我回答。

我戴好耳機之後按下播放，忽然發覺影片裡的人竟然是我，這種情形就好像我在電視上看我自己在上節目一樣，我睜大眼睛專心看到底影片是在演什麼。

影片內容描述到：

我看書看到一半卻趴在書桌上睡著了，睡著了之後畫面呈現出我做了一個夢：

這一天是星期六，如同往常一樣早上九點就開始問事。我看了問事單，第一位是一位三十歲的先生，姓石，寫著要問的是身體。當這位石先生坐在我旁邊的時候，卻是穿著一身黑色孝服，顯然家中正在辦喪事。

於是，我對石先生說：「石先生，我看你身穿孝服，家中是誰剛往生呢？問事單上面寫著你是要問身體？你身體怎麼了嗎？」

這位先生回答：「王老師，我家中沒有人往生，也沒在辦喪事。」

我一聽就更覺得奇怪了，「你家中沒人往生，你幹嘛穿孝服？」

石先生卻回答：「我平常很喜歡穿這種衣服，不管是出門，還是上班，甚至睡覺，我都穿這種衣服。」

當時我心想：「天啊，怎麼會有喜歡穿孝服上班、睡覺的人。」

這個時候我又問這位石先生：「那你的身體呢？怎麼了嗎？」

他回答我：「陰症。」

接著我就醒了過來。

影片播放到我醒過來之後就沒了。

這時候大聖母對我說：「你現在正在做夢當中，然後又看到這影片中的你在做夢，這就是『夢中夢』。」

我用手抓抓頭，搖頭回答：「你念哲學系的嗎？我還是不太懂你的意思，太深奧了。」

「什麼我念哲學系？你可以再白目一點沒關係。你最好給我長進一點，你知不知道要是無法參透這門學問，就不知道當中的原理；不知道當中的原理，你就無法教學生；你若是無法教你的學生，要怎麼把這套學問發揚光大，這本書又要如何成為後代問事的經典？我一定要先教你『夢中夢』的原理，等你了解原理後，再教你夢到『夢中夢』代表什麼意思，這樣才是博士級的神職人員程度，也就是可以回答學生：『what是什麼』、『why是為什麼』。」

聽大聖母念完後，突然覺得我沒有認真學習的話，事態好像會很嚴重。「可是……這不能怨我啊，我就真的聽不懂呀！不然這樣子好了，大聖母你再講一次？」

「這樣求善知識的態度就對了，很好，我再講一次。」大聖母回答。

「弟子，我讓你看影片的原因，主要是為了要讓你更了解什麼叫做『夢中夢』的原理，膚淺的解釋就是『你夢到你在做夢』。

但是，如果要以《解夢天書》嚴格的標準來看的話，『你夢到你在做夢』這樣把它解釋成『夢中夢』，只能得到六十分而已。為了要栽培弟子你得到一百分，我只好再搭配『讓你看你在做夢的影片』來加以解釋，這樣會幫助你理解。

聽好，我再講深入一點：你現在正在閉關，此時此刻的你『也是正在做夢』，然而，你在夢中又『看見你夢到這位石先生的事』，這就是『解夢天書裡面的夢中夢』的精髓所在。再具體一點，把『夢中夢』解釋成『你夢到你在做夢』，這樣解釋力道不夠，應該要把它解釋為：『你在夢中看到你在做夢』。

『你夢到你在做夢』與『你在夢中看到你在做夢』的差別何在？

這兩種文字雖然看起來都差不多，但實際上在解釋方面有著很大的差別。『你夢到你在做夢』充其量只是一種你在睡夢中，又好像夢到另一個夢境的情況，這種狀況其實沒有多大的意義，如果硬要解釋，只能說是在同一個時間內產生一個重疊的夢境。而『你在夢中看到你在做夢』就不同了，就是在夢中的你的靈魂又親自看到另一個夢境的產生。弟子，請注意我講的話：是夢中的你的靈魂又親自看到另一個夢境的產生，因此，這個夢境是屬於深層的夢境。

弟子，你一定要記起來，夢到『你在夢中看到你在做夢』這種深層夢境有三種意義：

(1)看到深層夢境裡面的那件事情，已經在現實生活中曾經發生過，接下來很有可能還會再發生一次，只是信徒本身沒有這種危機意識。所以，神明只好『讓夢中的信徒再親眼看一次深層夢境』，目的是要警惕信徒這件事要發生了，這陣子你該注意了。

(2)看到深層夢境裡面的那件事情有『百分之九十五的機率』會發生；也就是會發生的機率太高了，所以神明要趕緊提前告訴你，好讓你預作準備。

(3)看到深層夢境裡面的那件事情，是一件非常重要的事，所以不能讓你起床後輕易就忘記。因此，請記住，愈是深層的夢境，記得住的時間就會愈久，內容就會更不容易忘記。

弟子，這門夢中夢的課程比前幾天的任何一種夢境成分分析都深奧且難理解，要多花些時間去參透、體悟，才能夠融會貫通，舉一反三。關於夢中夢方面還有疑問嗎？如果沒有，我就要再說下一個夢境成分了，這次閉關我們要教你很多課程，時間上需要掌握一下。」

我回答大聖母：「關於夢中夢課程我已經記住了。」

「好，既然你已經都記起來，那我們就往下一個夢境成分『夢到往生的人』去學習。」大聖母慈悲的回答我。

夢境	夢境狀況	代表意義
夢中夢	曾發生過的事	深層夢境裡的那件事情在現實生活中曾經發生過，接下來很可能還會再發生一次。
	即將發生的事	深層夢境裡的那件事情有「百分之九十五的機率」會發生，神明提前告訴你，好讓你預作準備。
	十分重要的事	深層夢境裡的那件事情是非常重要的事，為了讓你起床後不會輕易忘記，才讓你做夢中夢。

15 夢到往生的人

「弟子，現在我接下來要講的是，如果信徒夢到往生的親人，也是要分幾種情況來搭配，才能作準確判斷：

(1) 夢到已往生的親人死掉

你要記住一個重點：已經往生的人又再死掉一次，那代表這位往生的親人是不是有遇到什麼困難、禍事或困境等等，不然為什麼還會再死第二次呢？所以，如果夢到往生的人再往生一次，就要先從這方面來分析。

弟子，如果信徒夢到已往生的親人活過來，那代表什麼意思呢？」

我立馬回答：「不會是要死而復活吧！」

這個時候我看大聖母眼睛微閉，搖搖頭地對我說：「樂觀是一件好事，但是你……，電視不要看太多，還死而復活……，你乾脆說來一個借屍還魂好了，豈不更妙，唉……。」

「好嘛，我是跟你開玩笑的嘛，你幹嘛這麼認真，大聖母，閉關真的粉累耶。」我伸伸懶腰的回答。

「你累？那我就不累？你看過我在睡覺嗎？我坐在神殿裡面，眼睛連眨都不敢眨一下，就深怕遺漏任何一位善男信女心中所祈求的事。很累？你是在累什麼！」大聖母十分不高興的訓了我一下。

我聽完大聖母的訓話後，「噗」的一聲差點笑出來，心想：你再給我幽默一點沒關係，還沒眨過眼，哈哈……。「好嘛好嘛，對不起，我會認真學，那我們繼續吧！」

(2)夢到已經往生的親人活過來

「要記住，如果信徒夢到已經往生的親人活過來，那就很有可能代表這位已經往生的親人有什麼話、什麼事，或有什麼心願要交代。那麼，你就要跟這位信徒講，建議他應該要進一步問出來才對。

(3)夢到已經往生的祖先

如果夢到已經往生的祖先，可能代表祖先有什麼欠點。至於祖先有什麼欠點，弟子，你以後要教導你的學生，這種夢境算是一種很直白的夢，意思就是這個夢境不會很深奧，很淺顯易懂，但是相對的很重要。

也就是要讓信徒知道，將來要處理祖先的時候，如果有一個環節卡住了，這個卡住的環節就是夢境中所顯示的內容，例如祖先過去有做過一些不好的事、有侵占過他人的財產，或者謀害過他人性命等等。

另外，夢中有關祖先的夢境不是夢到往生的親人，就是夢到狗，雖然這兩種都代表著祖先，但其中意義會有些不同。

(4) 夢到不是自己親人且不認識的人往生

具體一點來說，就是夢到『喪事』，那麼你可以請這位信徒再觀察幾天，如果沒有再夢到相關的夢境，那就不用擔心，因為神明已經幫你處理了。如果還有繼續夢到的話，往生的人依然不認識，弟子你千萬要記住，如果再搭配這位信徒的身體狀況不太好，或睡不好，那就很有可能是遇到一些比較不乾淨的東西。狀況輕的話，收驚一下就可以解決；相對的，如果收完驚之後狀況只改善了幾天而已，那就表示內有隱情，要再進一步請示神明了。

(5) 夢到娘家或外婆家已往生的祖先

要先釐清一件事情：如果是嫁出去的女生，且沒有任何哥哥或弟弟，那就有可能在講娘家祖先方面的事。同樣的，如果信徒的外婆沒有生任何的兒子，也就是沒有舅舅的話，那就有可能在講信徒的外婆家祖先的事。這兩種情形都是因為家中沒有任何的男丁可以處理，所以祖先或神明只好給已經嫁出去的女兒托夢。

相對的，祖先如果有欠點而如果家中又有男丁，神明或祖先是不太可能給已經嫁出去的女兒托夢，除非是娘家或外婆家的男丁無法處理，或者是沒有能力處理，必須要借重這位信徒的能力才能夠圓滿處理。這種情形不是不可能，只是機會很少。」

夢境	夢境狀況	代表意義
往生的人	已往生的親人死掉	代表這位往生的親人有遇到什麼困難、禍事，或困境等等。
	已往生的親人活過來	代表這位已往生的親人有什麼話、什麼事或什麼心願要交代。
	已往生的祖先	代表祖先有什麼欠點。主要是讓你知道將來要處理祖先時，如果有個環節卡住了，這個卡住的環節就是夢境中所顯示的內容。
	不是自己親人且不認識的人往生	1.再觀察幾天，如果不再夢到相關的夢境，那就不用擔心，因為神明已經幫你處理了。 2.如果繼續夢到，往生的人依然不認識，再搭配身體狀況不太好，那就很可能是遇到一些不乾淨的東西。
	娘家或外婆家已往生的祖先	1.如果是嫁出去的女生，且沒有任何哥哥或弟弟，那就有可能在講娘家祖先方面的事。外婆的情況亦同。

2.可能娘家或外婆家的男丁無法處理，或者是沒有能力處理，必須要借重做夢者的能力，才能夠圓滿處理。

16 夢到狗

「弟子，以後如果信徒有夢到狗的話，大部分都是代表祖先。不過就像天官之前教你的蛋捲理論一樣。喔，對了，就是你被天官罰站的那一堂課，夢境中不太可能只有一個成分。同樣的道理，如果夢到狗也應該會包含著其他的成分，接下來我就是要講這些與狗搭配的成分。

(1)夢到狗對著人狂吠，但沒有咬人

這代表著祖先有一些事情要對這位信徒或後代子孫講，並沒有要怪罪後代子孫的意思。弟子，你要記住一個重點，關於祖先要交代他們的子孫事情，有些人會直接夢到往生的親人，而有些人會夢到狗，你有想過同樣都是祖先有事要交代，為什麼要分這兩種夢境嗎？」

我回答：「夢到狗是在講祖先有什麼欠點，而這些欠點的複雜性無法用夢境顯示得很完整，如果硬要顯示夢境給信徒，會怕信徒醒過來後記不起來；而直接夢到祖先（往生的親人）的話，欠點相對就沒有那麼複雜，直接在夢境顯示就可以了，信徒也比較能記得起來。」

大聖母很高興的說：「很好，你的悟性很高，就是這樣。宗天宮蓋起來之後你一定要辦理推廣教育，單單一本解夢書不可能把解夢技巧交代得很清楚，你未來還要搭配教育，這樣雙管齊下，你的學生對解夢的技巧、訣竅才能夠清楚了解，融會貫通，進而舉一反三。」

(2)夢到狗對著人狂吠，還帶著凶狠的眼神，最後還咬人

代表祖先不只有一些事情要對這位信徒或後代子孫講，而且祖先的情緒上已經呈現出憤怒的狀況。一般來說，夢境裡的狗總會對人吠叫，因為祖先有話要說，如果狗沒對人吠叫，也就代表目前的狀況還不會影響到運勢。弟子，你要記住一個重點，祖先憤怒的原因是因為信徒家中的欠點已有一段時間，在這段期間，祖先已經托夢給這位信徒或家人好幾次，但他們卻沒有意識到，導致家運一直不順。祖先總是疼惜子孫的，看到家中這種情形當然會很生氣。

(3)注意夢中狗出現的環境

除此之外，弟子，你還要知道一個重點：審視夢中的狗出現在什麼地方，那個地方環境很有可能就是在暗示一些玄機。比如，狗出現在墳墓或靈骨塔，那就有可能在暗示風水方面有什麼要交代或指示。

狗出現在學校、公司

此時，你還要檢視夢中有出現誰或與誰相關，那答案就會很明顯。例如，狗出現在信徒的孩子的學校，那就是在暗示這個欠點多少已經影響到信徒的孩子的學業了。如果狗出現在信徒公司裡，那就有可能影響到信徒的事業了。

總之，檢視狗出現的地方，也是一個可以幫助我們判斷的重要依據。

狗出現在醫院

當然，這個欠點就跟信徒的健康有關，如果現實生活中這位信徒或者夢中的信徒剛好身體也欠安，那就很有可能是這個原因了。

不過，這都要進一步的請示神明後才能夠確定。

狗出現在家中狂吠

如果再加上夢中這個家呈現的狀況很凌亂，那就很有可能在暗示著家中目前的狀況是一片凌亂；也就是不管是自己、孩子、另一半或家人，每個人的事業、學業、身體、感情或親子關係，都已經被影響到了，需要注意。

所以，你以後要對你的學生強調一個重要觀念：『搭配夢中的環境成分是在整個夢境中扮演著一個很重要的角色』。

弟子，你要知道一個訣竅，以後要是有信徒把夢境敘述給你聽的時候，雖然知道是祖先方面有什麼欠點，但如果是以往生者的夢境成分來呈現的話，那你心裡面就要先有一個底，這位信徒的祖先過去可能有做過一些不好的事，因果關係很複雜，將來處理時你要抽絲剝繭，處理起來才會順利，才不會有阻礙，處理後的效果才會好。」

夢境	夢境狀況	代表意義	延伸狀況和說明
狗 代表祖先可能有什麼欠點。	**出現在學校**	暗示欠點多少已經影響到孩子的學業了。	**★狗沒有對人叫** 基本上都會對人叫，沒叫表示沒有影響到運勢。 **★狗對人狂吠，但沒有咬人** 祖先有一些事情要對後代子孫講，但無怪罪後代子孫之意。 **★狗對人狂吠，眼神凶狠，最後還咬人** 祖先不只有事要對後代子孫講，而且祖先的情緒上已經呈現出憤怒的狀況。
	出現在公司	欠點有可能影響到事業。	
	出現在醫院	祖先的欠點跟做夢的人的健康有關。	
	出現在家中狂吠	若夢中家裡的狀況是一片凌亂，代表家中每個成員都已被影響到。	

17 夢到蛇

「弟子，你一定聽過很多人夢到蛇而問你，所以現在要來教你夢到蛇代表什麼意思。首先，你要教你的學生先學『性質上的判斷』，這個觀念非常重要，天下萬物都有可能在夢中出現，單單一本書不可能把全部都寫進去，那沒有寫到的東西如果出現在信徒的夢中，該怎麼辦呢？這時就要靠『性質上的判斷』，只要學會這個觀念，以後就算夢到書中沒教的成分，也可以先自行判斷個百分之五十。

注意聽，『性質上的判斷』就是依照天下萬物的本性跟特性來做觀察判斷。例如，夢到被螃蟹夾到，那就要觀察螃蟹的特性或本性：

螃蟹的特性是橫著走路，代表著橫行霸道。也就是神明在提醒你最近要注意，有可能遇到一些橫行霸道的人，如果真的遇到，就有可能會影響到接下來的生活，所以要多留意。此外，若從另一個角度來看螃蟹的特性，如果人不先去挑釁螃蟹，也許不太可能會被夾到，所以夢中如果沒有顯示信徒是為什麼被夾到，那就是本身要收斂一下，有可能事端是信徒先挑起的，雖然你很凶，但你會遇到比你更凶的人，這樣對彼此都不好。

從另一個更深入的特性來看，在菜市場挑螃蟹時，人總是會看或按一按螃蟹的肚子，是硬硬的，還是軟軟的。螃蟹肚子按起來若軟軟的，就代表牠還沒有完全定型——剛蛻殼的螃蟹，殼是軟的。要記住一個訣竅，『硬』的臺語發音跟『定』一樣，提醒這位信徒的心性要『定』，不能搖擺不定，否則可能會兩頭空。再具體一點說明，『不硬』就是『不定』，表示螃蟹的殼沒有硬化成形，殼沒成形就很少人會買，沒人買則表示會希望落空。那要怎樣才不會希望落空？很簡單，就是要定，心性定就不會心猿意馬，也就比較能夠下決定。

另一個例子，有些信徒會夢到拿茶葉在泡茶，這時候，你就要想到茶葉的特性是可以幫助提神，精神也會變比較好。重點來了，為什麼要讓這位信徒夢到在泡茶？因為神明查到這位信徒這陣子有可能會因為思慮不清楚做出一些令人意外的決定，所以才要提醒他這陣子腦袋要清醒一點。

這些都是有可能會發生的夢境，你只要有這種『性質上的判斷』的觀念，解夢對你來講，就是一件輕而易舉的事了。

弟子，我教你的是一個非常獨特的解夢訣竅，當今世上是沒有人會的，你就教給你的學生，以後你的學生再加以創新，這樣才能夠讓道教發揚光大。

現在我們再回過頭來講蛇的特性——

蛇是一種無足的爬蟲類動物，有些蛇具有毒性，能讓被咬到的生物受傷、死亡；而有些蛇是沒有毒性的。

(1)蛇有無攻擊人？

不過有些信徒會說，他不知道夢中的蛇有沒有毒，這也是有可能，若是如此，就看在夢中這條蛇有沒有攻擊這位信徒。

有些蛇如果沒有對牠做出挑釁的動作，其實不會主動攻擊人。因此，如果蛇有攻擊信徒，還要再檢視是信徒在夢中事先挑釁蛇然後被咬，還是無意之間被咬。

(a)**如果是信徒先挑釁而被咬**：代表爭端是信徒主動先挑起，如果不要這麼盛氣凌人，也許這件事不會發生。

(b)**無意之間被咬**：代表遭受池魚之殃，去掃到颱風尾。

(2)被咬後有無流血

不管是主動挑起戰端，還是遭受池魚之殃，重要的是，接下來要知道這件事情對信徒的影響性有多大。要判斷影響性多大，就從有沒有流血來判斷。

(a)**如果有被蛇咬且有流血**：代表『見紅』，也就是這件事情比較能大事化小，有驚無險，或是逢凶化吉。

(b)**有被蛇咬，但沒有流血**：代表這些事情會影響或傷害到信徒本人。因為血液在體內循環著，象徵的意義就是，這件事對信徒本人影響性滿大的，不能再拖，要趕緊問出什麼事，才能夠加以預防。

(3)夢見很多蛇在身上

代表一些麻煩事及恐懼的事有可能會『纏身』，包含小人、官司、口舌是非等等。然而，都還是要搭配剛剛所講的，有沒有被攻擊及有沒有流血來做最後判斷。

(4)地頭蛇

夢到蛇另一種特性就是『地頭蛇』。『地頭蛇』有兩種：

(a)第一種是『神』，講的是土地公，而且是『當地的土地公』：如果夢到蛇且請示出來的答案是在講土地公，這就代表土地公有要幫信徒解決一些困境跟困難，所以弟子你要建議這位信徒去找他的店面、公司、攤位附近的土地公廟，去問土地公要如何解決困境。

(b)第二種『地頭蛇』的特性講的是『人』：信徒如果在工作、事業或推動一些業務、政策很難推動的話，就像丙子籤上說的『恰是行船上高灘』一樣，推動不了卡住了，那就是神明在暗示這位信徒要去拜訪直屬單位的一些大老、關鍵人物或在地的里長、代表性人物等。

這些關鍵代表性人物就是信徒的貴人，可以幫忙及提供一些重要的方法與策略，進而扭轉乾坤。

(5)蛇脫皮

蛇還有一種天性，就是會脫皮，那代表一種成長的蛻變。若信徒夢到蛇脫皮，就等同於信徒夢到自己白頭髮，思考及行為舉止不再像之前那樣輕浮，已漸漸蛻變成長，也穩重了起來。

所以，弟子，雖然我講了那麼多的特性，但終歸還是那一句話：『要運用蛋捲理論。』因為信徒的夢境除了蛇以外，一定還有其他搭配的夢境成分，解夢絕不能只看一個局部性的成分，必須要檢視整體的成分，有了這個觀念之後，接下來再教你夢境的整合，那麼你的解夢功力就會發揮到淋漓盡致且準確無比。」

夢境	夢境狀況	代表意義
蛇 先做「性質上的判斷」：有些蛇有	**有無攻擊人**	1. 人先挑釁而被咬：代表這些爭端是這個人主動先挑起，如果不要這麼盛氣凌人，也許這件事不會發生。 2. 無意間被咬：代表遭受池魚之殃。

	毒，能讓被咬到的生物受傷、死亡；有些蛇沒毒。
被咬後有無流血	1.有流血代表「見紅」，這件事情較能大事化小，有驚無險。 2.沒流血，表示這些事情會影響或傷害到做夢者本人。
很多蛇纏在身上	代表一些麻煩事及恐懼的事有可能「纏身」，包含小人、官司、口舌是非等等。
地頭蛇	1.若請示出來的答案，蛇是代表土地公，就表示土地公要來幫忙解決一些困境跟困難。 2.若在工作、事業或要推動一些業務、政策很難推動，就是神明在暗示該去拜訪直屬單位的一些大老、關鍵人物，或是在地的里長、代表性的人物。
蛇脫皮	表示思考以及行為舉止不再像之前輕浮，已漸趨穩重。

18 夢到棺材

當宗天宮大聖母講完蛇的這個部分後，我說：「大聖母，有很多信徒都問我說夢到棺材是什麼意思？所以，是否可以請大聖母針對棺材這個部分解說一下？」

大聖母回答：「好，既然你有心想學這個部分，那我先講這個部分好了。

弟子，一般人夢到棺材時，大多數的人都會以為是十分不吉利的徵兆，其實夢到棺材不完全都是不吉利的，也有好的部分；只是講好的部分確實是比較少，大部分都是在暗示不好的成分居多。

所以，若有信徒夢到棺材，首先要檢視一個重要的成分：夢中的棺材裡面有沒有躺人？

(1)棺材裡面有躺人

這是判斷夢到棺材好還是不好的指標。如果信徒夢中的棺材有躺人，而棺材裡的這個人在現實生活中你不認識，那這個夢應該是在講好的部分，因為棺材另一個含意是升官發財。

其次，如果信徒夢境的棺材是站立或吊起來的，這些也都是有升官的隱喻。所以，如果以後有信徒問你他夢到棺材，弟子，你的第一步驟就是要先問這些成分。

我再教你深入一點的思考重點：『棺材裡面有躺人解釋成好的部分原因，就是有一個升官的機會，但這個機會不一定是信徒，也有可能是別人，所以躺在裡面的人是不認識的人』，這樣你可以理解了吧？」

「喔喔，我了解了，原來是人人有機會，要趕緊去把握與爭取的含意啊！」我回答宗天宮大聖母。

「弟子，你以後要教導你的學生，一個夢境如果有兩種以上的解法，為了確保解出來的答案是百分之百正確，最好都要請示過神明，不要自己自作主張。那什麼叫做兩種以上的解法呢？以夢到棺材為例，可以從好的部分解，也可以從不好的部分解；如果是在講不好的部分，而信徒卻解成好的部分，一旦發生憾事，就追悔莫及。相對的，如果是在講好的部分，卻解成不好的部分，那就有可能會白白錯失良機，因為信徒搞錯了方向，不知道去爭取與把握。」

「另外要問，如果棺材裡躺的是認識的人呢？」

「一般夢到躺在棺材裡面的人大多會是自己的家人，這樣的話，就要趕緊去請示神明，這個躺在棺材裡的家人最近是不是要注意什麼事。」

(2)棺材裡面沒躺人

「弟子，如果信徒夢到的棺材裡面是沒有躺人的，那就可能要朝不好的部分去解了。為什麼呢？因為那就代表不知道誰要躺進去了。不過，通常這種夢境都還有幾個成分元素做搭配，這些成分元素包含：棺材是放在哪裡、棺材前有沒有遺照、有沒有掛燈籠等等，這些指標性的成分都有助於你幫信徒掌握夢境的方向。

你還記得你之前有一個案件，城隍爺緊急發爐，並托夢給志工要趕緊聯絡當事人前來城隍廟問事，而城隍爺也大展神通給你托夢，這位住金門的女孩就被吊死在家門口，全身濕淋淋的，門口掛白燈籠，而你夢中的棺材是放在一個湖邊，湖裡面有浮出好幾個陰魂，一直對這位女孩招手，其目的就是要迷惑這位女孩溺斃抓交替。這個案子你還記得嗎？」

我回答宗天宮大聖母：「當然記得，當時這件案子在梓官當地曾造成轟動，我那時也對梓官城隍爺整個肅然起敬，要不是城隍爺的慈悲，恐怕這位小女孩應該早就……。」

大聖母回答：「是的，沒錯。這件案子已經結案了，梓官城隍爺也已經上天庭對玉皇上帝覆旨了。

弟子，以這個案件為例，夢到棺材之外，你還要特別留意那些重要成分元素，像這件案子，就有白燈籠、吊死、棺材在湖邊等等的成分元素做搭配。這些都還牽涉到夢境的整合，這部分在後面會教你。

弟子，聽好，我再講深入一點，搭配這些成分元素，可以讓你在問事的時候幫助你了解與掌握信徒家中特別要注意誰、什麼地方、以及什麼事。相對的，少了這些指標，你在問事的過程，就如同在茫茫大海當中撈針一樣，不僅困難度增加，所花費的時間也一定會增加。」

夢境	夢境狀況	代表意義
棺材	棺材裡面有躺人	1.有可能朝好的方向解，因為棺材的其中一個含意是升官發財。 2.棺材是站立的，或是吊起來的，這些都有升官的隱喻。 3.躺在棺材裡的人在現實生活中不認識：指升官發財的機會不一定是做夢的人，也有可能是別人。 特別提醒：

	一個夢境如果有兩種以上的解法，為了確保解出來的答案是百分之百正確，最好都要請示過神明。 4.躺在棺材裡的人是認識的人：需請示神明被夢到人是否要注意什麼。
棺材裡面沒躺人	可能要朝不好的方向去解，因為代表不知道誰要躺進去了。 特別提醒： 通常這種夢境都必須有幾個成分元素做搭配，包含：棺材是放在哪裡、棺材前面有沒有遺照、有沒有掛燈籠等等，這些指標性成分都有助於掌握夢境解析的方向。

19 夢到跑步跑不快，以及家裡的燈很暗

「我現在要講的，是大部分的信徒很常夢到的，但也常被解錯的一種夢境，那就是夢中自己在跑步，可是怎麼跑都跑不快，以及夢到家中或自己的房間很暗的這種夢境成分。至於我為什麼要把這兩項……」

一聽到要講這種夢境成分時，我沒等宗天宮大聖母把話說完，立刻就說：「對對對，太好了，講這個好，我對這個成分超有興趣的，因為這陣子很多信徒都有夢到這種夢，所以講這個不錯……」

我正開心地想繼續講下去時，眼角瞄到旁邊的大聖母表情怪怪的，沒啥笑容，眼睛又凶

凶的看著我，整體的Fu擺明就是「一副想扁你的樣子」。說真的，此時我還真的有點怕怕的……，如果在圖書館被打，那我不就……臉丟大了。

在這寂靜又無聲的場面，我終於打破沉默，鼓起勇氣對大聖母說：「大聖母……你……你……想要幹嘛？大聖母，我跟你說喔……你千萬要冷靜，這裡是圖書館，屬於公眾場所，所以……你應該知道……，你知道的對不對？」

「你在緊張什麼？在怕什麼？我看起來是很嚴肅，不怒而威沒錯，但內心卻是十分慈祥的。」大聖母如是說。

喔，My God，當我聽到這句話時，此時此刻的這個摩門（moment），整個氛圍瞬間解凍，變得超級溫暖，溫暖到我想灑花瓣，耶……

當我內心還在歡呼的時候——

「你到底玩夠了沒，到底要不要上課啊！要是不想上課，我就讓你醒過來。」大聖母不太開心地說。

「要啦，要啦，我很想上這一門課。啊，對了，大聖母，你剛剛講到一半被我打斷，說什麼『至於我為什麼要把這兩項……。』這兩項是哪兩項？」

「我說的這兩項，講的就是夢到自己在跑步，但就是跑不快，以及夢到自己的家或房間的燈很暗這兩種夢境成分。我之所以會把這兩項放在一起講，是因為這兩種夢境不管信徒夢到哪一項，都是代表這位信徒當時的運勢很低。」宗天宮大聖母回答。

(1)跑步跑不快

「弟子，如果有信徒夢到自己再怎麼跑都跑不快或跑不動，就代表『心有餘而力不足』，也就是本身明明已經很努力、很認真，但最終結果卻是『事倍功半』。如果信徒有夢到這種夢境成分，再加上這位信徒這陣子剛好有計畫要做一些事情、推動一些政策、或創業等等，就盡量不要在這個時機點做。夢到這種夢還硬要在這個時機點做的話，結果便很有可能跟期待有很大的落差。」

大聖母接著說：「弟子，要記住『天時牽動時運，時運影響運勢，運勢決定結果』這個重點竅門，這種竅門就像是數學的『A比C等於B比D』一樣，你一定要牢牢記在心中。

弟子，我用反思來解釋得更深入一點，這一點也相當重要：夢到跑不動雖然跟運勢有絕大部分的關聯性，但以最客觀來講，一個人無緣無故跑不動，除了運勢，還要花點時間調查有沒有其他原因造成，這樣多面性的調查比較保險，也比較嚴謹。畢竟身為一位神職人員所思考的深度、廣度，都要比別人還要深入，處理事情的態度也是不能有所馬虎的。」

(2)家中或房間的燈很暗

我聽到這裡，忽然有一個疑問，於是就問：「大聖母，夢到跑不動跟運勢的關聯性我已經知道，那為什麼夢到家中或房間的燈很暗，也是跟運勢有關聯性？ㄟ，說真的，我以前夢到這種夢，還一度以為是神明在提醒我要加強室內光線耶，哈哈。」

話才說完，大聖母立刻回我：「還ㄟ，你是以為我們神明沒事做了嗎？連加強室內光線這種事都還要神明給你托夢？我問你，假設你現在是神明，如果你要告訴一位信徒他的運勢很低，你的夢境成分要怎麼顯現？難道夢境裡面要顯現讓這位信徒拿著一張牌子，上面寫著『我歹運、我歹運』嗎？」

「哈哈，好啦，我知道了，想不到大聖母你也滿幽默的。」我笑笑的對大聖母說。

「問問題、看問題要有深度，不可以一成不變，夢到家中或房間昏暗，你就以為是室內光線不夠，這樣你乾脆去拿一根電線桿擺在家裡好了，那就永遠不會再做這種夢了，我跟你講過好幾次了不是嗎？事情不要只看表面，要看那看不到的部分才是重點。」大聖母一臉嚴肅的回答我。

「好，好，好，我知道錯了，你別生氣，以後再也不會了。」我摸摸頭，一臉尷尬地向大聖母道歉。

「光線代表的是一個人的元辰光明；一個人的元辰光明若是黯淡無光，就代表這個人的運勢低。

相對地，一個人的運勢若強，那這個人的元辰光明肯定很明亮，這就是夢到昏暗與運勢這兩者之間的關聯性。這就好比光線不足，走路就要小心走，不然一不注意就會有跌倒之虞。

所以，弟子，以後如果有信徒夢到這種夢境成分，你就要告訴信徒，明知道自己的運勢低，就要慢慢走，不要急，運勢如潮浪，有起有落，有高有低，最好等到自己的光線轉強的時候，那時步伐走快一點就比較沒有關係了。」

「喔喔，我懂了，原來這兩者關聯性的奧妙就在這裡呀。喔，對了，大聖母，那我要如何知道信徒的運勢什麼時候會開始轉強呢？」

「當然是問我啊，難道問你嗎？」大聖母用提高分貝的音量回答我。

聽到這種回答，我內心不禁強烈吶喊起來：好，好，問你就問你，小聲一點，小聲一點。

「大聖母，弟子有一個問題，如果有信徒夢到這種夢，也沒有任何欠點影響，有什麼方法可以改善運勢低迷嗎？」

「有一些運勢低迷很久的信徒大多會想要替自己補運。然而，在補運方面的技巧跟方法，大部分的信徒偏偏都做錯了，導致補運事倍功半沒有多大的效果。所以，現在你要把我教你的那些補運方式與竅門也一併教導給大家，上天有好生之德，讓大家都可以均霑上天雨露的恩澤，幫助那些在黑暗中運勢低迷已經很長一段時間，並且一直都找不到出路的信徒，可以盡快找到一盞脫離苦海的明燈，這才是真正的濟世救人，普渡眾生，也才是宗天宮的核心價值之一。」宗天宮大聖母慈悲的對我說明。

（補運方法與竅門，請參考後面「補運祕訣大公開」）

夢境	夢境狀況	代表意義
跑步跑不快及家裡燈很暗 都代表當時的運勢很低。	**跑步跑不快**	代表「心有餘而力不足」，明明已經很努力、很認真，但結果卻是「事倍功半」。
	家裡燈很暗	光線代表一個人的元辰光明；光線若是黯淡無光，就代表這個人的運勢低。 特別提醒： 知道自己的運勢低，就要慢慢走，行事決定要保守，最好等到自己的光線轉強的時候，再奮勇前進。

20 夢到以前的公司、待過的環境

「現在我要講的這種夢境成分，將來一定會有信徒跟你講他有夢過，也就是夢到回到之前待過的公司，或之前曾經生活過、經歷過的一些環境。所以，弟子，你必須要知道怎麼去解這種夢境。

弟子，把這個口訣記起來：『如果有信徒夢到這種夢境成分，代表這位信徒在之前那個環境時所發生過的事，現在要小心，有可能會再一次發生。』

這句口訣竅門你可能不是很明白，所以我再講解得清楚一點。

前一陣子不是有一位女信徒掛號問事來問弟弟的工作，她弟弟在一間公司上班，但這陣子他上班變得很不正常，有時都睡到九點、十點才去，有時就乾脆翹班。公司哪可能讓一個員工這樣，早晚會被開除的不是嗎？於是，她爸爸、媽媽每次看到她弟弟這樣，就會很不開心的唸他，唸他一個年輕人不好好工作老是在家睡覺，唸久了，雙方就會起衝突，家裡的氣氛就變得很不好。這位信徒很擔心，家裡面的氣氛要是一直這樣下去，衝突一定會更大，所以才來問他弟弟的事業。弟子，這件案子我不是有出兩張給她弟弟的本運兼事業籤嗎？

第十七籤（丙申籤，龐涓馬陵道分屍）

舊恨重重未改為，家中禍患不臨身

須當謹防宜作福，龍蛇交會得和合

第四十七籤（辛酉籤，劉智遠邠州投軍）

君爾何須問聖跡，自己心中皆有益

于今且看月中旬，凶事脫出化成吉

這兩支籤詩當時你已經幫她解了，只是你還對她說，『以這兩支籤詩來看，神明要說的重點是，你弟弟有一個舊習氣存在，要找到並改掉這個習氣，你弟弟在工作上就會改善許多，就某種意義來講，這個舊習氣就是影響你弟弟工作的主因，影響的不只是現在的這個工作，未來若換新工作，也會影響到。』

這位信徒當時還不知道她弟弟有什麼舊習氣，弟子你就忽然問她：『那你這幾天有夢到什麼嗎？』她回答你這幾天她一直做一個夢，夢到好幾次她弟弟回去之前那間公司上班。弟子，這個案子你還記得嗎？」

我對宗天宮大聖母說：「記得，我還有印象。我當時還問這位信徒，『你弟弟之前是做什麼的？』她回答說是在一間汽車公司當業務。『那為什麼沒做了？』我繼續問。她回答因為她弟弟之前有侵占客戶的車款被公司查到，最後是爸媽出面把公司的車款還回去，公司才沒有對她弟弟做任何處置，只是開除他。」

這個時候宗天宮大聖母對我說：「現在，你回想當時這個案件，再加上我現在教你的這個夢境成分分析，弟子，你可以悟出一些道理來了嗎？」

我回答：「喔，大聖母，我懂你的意思了。我把幾個重點歸納，你再幫我看一下：

(1)兩支籤詩說她弟弟有一個舊習氣，會影響到他目前、甚至是以後的工作。加上現在大聖母教我的是『夢到之前那個環境時，曾經所發生的事要小心，有可能會再一次發生』。剛好這位信徒夢到她弟弟回去之前的公司上班，而她弟弟是因為侵占公款而被之前的公司開除。所以我推論，她弟弟現在的工作上有可能又要『再一次』發生這種事。

(2)至於神明所說的舊習氣，就是『受不了金錢的誘惑』。

(3)深入思考，如果這個習氣不徹底改掉，就算再換工作，也有可能再犯，如果再犯，就不太可能會像之前的公司那樣好講話了。

宗天宮大聖母聽我歸納及分析完之後，點點頭對我說：「很好，就是這樣解，你就依照我教你的這個模式去參透、去參悟，如果遇到瓶頸或問題，我會知道，我會在背後指點你，讓你的悟性開竅。

具體的說，一個人的悟性一旦開竅，參透任何事情就會很快；參透事情快就會比較容易看到別人看不到的問題，想的比一般人都還要更深入。」

大聖母繼續說：「這件案子在這位信徒回去問她弟弟之後，也證實她弟弟又把一些收回來的車款花掉了，所以心生恐懼。人內心一旦開始產生魔障，行為舉止就開始變得不正常。所以，我當時才會出那兩支籤詩，說明他工作不穩定的根本原因是出在舊習氣，而舊習氣是出在受不了金錢的誘惑，而受不了金錢的誘惑，又會讓工作不穩定，一整個『惡的循環』。

所以，你要加油，好好學習神明的智慧，才有能力幫信徒把『惡的循環』轉換成『善的循環』，這是我宗天宮所有神明對你的期待，因為這是上天賦予宗天宮所有神明要對你進行一系列密集訓練課程的旨意之一，好讓你可以把這些真正神明所教授的竅門，再傳給有緣人，『荷擔宗天正法，造就道教神木』，希望你不要辜負我們對你的期待。」

夢境	代表意義
以前的公司或以前待過的環境	代表在之前那個環境時所發生過的事，現在要小心了，有可能會再一次發生。 特別提醒：之前的事有可能再發生，代表內心或意識上仍存有舊習氣，而且是不好的習氣，當事者必須先把不好的習氣去除掉，才能在新的環境中有所做為，否則無論到哪裡都會是一個「惡循環」。

21 夢到認識的人、地方、路名、名片

「這個夢境成分大部分的人都夢過，但很多人都不知道什麼意思，所以現在就要來講講這個夢境成分。

弟子，如果有信徒夢到認識的人，要記住一個竅門，如果夢中的這個人是信徒認識的，首先就是要從這個人的名字下去參透，其次是參透這個人跟信徒的關係。

夢到這種夢境成分又代表什麼意思呢？代表『加深神明要跟你講的事情的廣度與深度』，也就是神明要跟你說明的這件事如果用夢境顯現的話，會很難顯現，就算要顯現，夢境也一定很長。這樣一來，信徒起床後不是忘記夢境的內容，就是很難參透夢境的含意，所以神明才會用這種方式來做夢境的顯現。

神明要用這種方式給一個人托夢，也要看這個人的智慧，如果這個人不知道這種夢境的含意，那還是等於零。因此，你一定要把這個竅門記起來，以後在宗天宮開班授課的時候，就可以把這個解夢技巧傳於後世。

弟子，還記得去年有一位信徒來問運勢嗎？這位先生過去五年做什麼生意都失敗，直到所有本錢都虧光了，只好再去當一個上班族。但悲劇還沒結束，信徒白天上班所賺的薪水不多，想說下班後晚上在夜市擺個攤子，多少貼補一些家用，於是就向朋友借些錢，買了一輛小貨

車。無奈買了貨車後的一個禮拜，貨車竟然被偷了，而貨車上所有擺攤的設備也一併被偷，這次不只無法貼補家用，甚至向朋友借錢買貨車、設備的錢也無法還出來了。

這位信徒想到自己的生活竟然會走到這種困境，上天怎麼會對他這麼殘忍，怎麼還落井下石，於是就到城隍廟問事。

雖然城隍爺很快就指示這位信徒命運這麼坎坷，是因為欠點的影響，但你是不是問了很久城隍爺都沒指示，最後只指示一點：『現在還不是把欠點掀開的時候，等到城隍爺有給你托夢的時候再來問。』

後來過了兩個禮拜，這位信徒終於有夢到了，他夢到：

夢境實例 在迷路的山頭遇見老同學

他要去一間廟，這間廟在一座山上，而這位信徒就是這間廟的主任委員。他一直走，一直走，不一會兒已經走到半山腰了，忽然前面出現好幾條路，他不知道要選擇哪一條路。於是，這位信徒抬頭一看，發現其中有一條路上面的路標寫著往「行德路」。這位信徒在夢中就說：「我想起來了，我應該要往行德路這個方向走才對。」正當他要往行德路方向走過去的時候，另一條路上忽然出現一位他大學的同學，這位同學叫「吳宗德」。

吳宗德就跟這位信徒徒說：「不要往那邊走，往我走的這條路才對。」這位信徒想了一下，最後還是選擇走他同學的那條路。老同學相見歡，邊走邊聊歡喜得不得了，他同學就問這位信徒：「我們好幾年不見了，你有沒有名片，給我一張吧！」這位信徒從口袋拿出剩下的最後一張名片要給這位吳先生的時候，一不小心，名片掉到地上，地上剛好有一灘汙水，名片就掉在汙水上面髒掉了。

既然唯一一張的名片髒掉了，兩人也就作罷，只好繼續往前走。可是，兩人卻愈走愈覺得奇怪，這條路好像不是他們要去的那條路。

於是，兩人就開始找出路，花了很長的時間，還是找不到路，最後走到一條死路。這位信徒想要回頭走回去時，忽然發現剛剛走過來的路都變成了大海，導致他寸步難行，夢到此就醒了過來。

宗天宮大聖母說：「弟子，雖然這件案子已結案，但我今天還是要再講一次，因為這個案件是一個很好的教材。首先，這位信徒是要去山上的一間廟，忽然在半山腰出現好幾條路，有一條叫『行德路』，要記住，在夢中如果有出現路標，就要以路標的『音義』來拆解。行這個字有走、有從事的意思，例如行善積德。因此，『行德路』就是做功德、走功德這條路。

但是，這位信徒本來要選這條路走，忽然出現一位大學同學叫『吳宗德』，同樣的道理，在夢中如果有出現人物，就要以這個人的名字的『音義』、『性格』來拆解，有時會以『諧音』為代表。

例如，『吳宗德』便拆解成『無宗德』，就是沒有宗教的德行，而根據這位信徒當時的說法，他聽其他同學說，這位同學在現實生活上也是身背好幾條官司，所以不管從『音義』跟『性格』來看，都是負面的。

弟子，注意看，這位信徒不選『行德路』走，反而跟這位『無宗德』走，也就是被沒有宗教德行的這個人牽著走。

然而，跟這個人走最後又發生了什麼事呢？最後的結局卻是無路可走。」

「那……大聖母，如果夢中那個人我不認識呢？不認識，我就不知道他的名字了呀？沒有名字就沒有音義跟諧音了，那要怎麼解呢？」

「問得好。」大聖母笑著對我說：「後面我幫你做總歸納的時候會講解到這一點，你先不用急。」

哇塞，好精采的一門課喔！我愈聽愈覺得欲罷不能，雖然有一些部分的解夢技巧神明之前就有教過我了，但是今天宗天宮大聖母所教的這些，又比以前更加的深入。

但是，我聽到這邊時忽然有一個疑問，就問宗天宮大聖母：「大聖母，那名片是代表什麼意思？夢中這位信徒有拿一張名片給他同學，名片掉下去髒掉了，這有代表什麼含意嗎？不會是要這位信徒改名吧？」

「不是。」宗天宮大聖母回答。「如果你要知道一些改名或命名的竅門，我晚一點再教你（改名部分，請參考後面「問神達人王崇禮老師教你如何命名、取公司行號」）。在夢中如果夢到名片，代表的是一個人的名聲，因為名片上印有這個人的名字。雖然夢到名片，但還要搭配其他成分加以分析，才知道這張名片要表達什麼意思。例如，這位信徒的名片掉下去髒掉了，很簡單，這就表示這位信徒的名聲已經髒掉了，也就是名聲不好了。

弟子，這件案子經過你第二次的請示梓官城隍爺，根據這位信徒的夢境，城隍爺才正式掀開這位信徒命運坎坷的主要欠點原因，就是『失德』；確實地說，就是『沒有宗教德行』。為什麼呢？因為這位信徒曾經是一間廟的主任委員，侵占很多廟裡的善款，導致『獲罪於天，無所禱也』，也許這輩子這位信徒的命運有可能會像他夢中的情形一樣，沒有什麼路可以走了。但是，上天有好生之德，也很慈悲，如果真心悔悟，也許還有一些機會。

這個夢境成分比較長，也比較深奧，所以，弟子，我在這邊幫你做一個簡單的歸納，你要記起來才不會亂掉：

(1)信徒的夢境中如果出現人物、路標這些成分時，首先你要先有一個「夢中不會無緣無故出現這些成分，一旦出現就是有特別的含意」這個觀念。

(2)一旦出現這些成分，就要用名字及路標的「音義」、「諧音」，以及人物的「性格」這些訣竅去拆解與分析，答案就會出來了。

(3)如果夢中出現的那個人不認識，當然就無法知道名字，這個時候就要知道這個人物在夢中出現的時機點、地點、身分，以及講什麼話來做夢境分析。

弟子，除了以上我跟你講的之外，其實你自己在多年前也夢過『地名』，你還記得嗎？也許你忘記了。」宗天宮大聖母說。

「我真的忘了。」我回答宗天宮大聖母。

「有一次我托夢給你，指示你要開始準備寫那本《神明所教的解籤訣竅》的時候，你不是有夢到你開車在高速公路上，旁邊載著你的阿嬤要去一個地方，你開車開到一半時就問你阿嬤：『阿嬤，我們要去哪？』

你阿嬤回答：『我們要去拿一本書，這是一本解籤書，也是你將來要寫的其中一本書。』

你就問你阿嬤：『那我們要去哪裡拿？』

你阿嬤回答：『宜蘭。』

一聽到「宜蘭」，我馬上就想起這個夢，我回答大聖母：「有有有，確實有這個夢。」

大聖母接著對我說：「弟子，這個夢境成分的解法要怎麼解呢？記住喔，夢中的阿嬤有兩種解法，一種代表的是你的阿嬤；第二種就是代表媽祖，因為這個『嬤』的音跟媽祖的『媽』同音，所以這個阿嬤代表的是媽祖。

所以，如果將來有信徒夢到他們的阿嬤，你要先確定的是，信徒夢中的阿嬤是在講他的阿嬤，還是在講媽祖，這兩種人物的代表方向要先確定，才能繼續往下解。而你這個夢所代表的就是媽祖，不是你的阿嬤。

那麼，關於你這個夢，媽祖是要告訴你什麼呢？就是要告訴你接下來要開始準備寫那一本《神明所教的解籤訣竅》了，但是又為什麼會到『宜蘭』拿呢？因為你還沒有下定決心要寫，也有一點沒有信心，所以有『疑難』，懷疑這本書會很難寫。弟子，注意聽好，『宜蘭』就是『疑難』的類似音，目地是要你不要懷疑自己寫這個會很難，這正是所謂天下無難事，只怕有心人。這樣你知道了吧！」

我回答：「是的，這個夢當時我請示出來確實是這樣解沒錯，謝謝大聖母的教導，所以只要夢境中出現地名，都必須特別留意這個地名的『音』或『義』，再來加以整合判斷。」

宗天宮大聖母笑笑點點頭地說：「這就對了。」

夢境	代表意義
認識的人、地方、路名、名片	1. 夢境中如果出現人物、路標這些成分時，首先要先有一個「夢中不會無緣無故出現這些成分，一旦出現就是有特別的含意」這個觀念。 2. 一旦出現這些成分，就要用名字及路標的「音義」、「諧音」，以及人物的「性格」這些訣竅去拆解與分析，答案就會出來了。 3. 如果夢中出現的那個人不認識，當然就無法知道名字，這個時候就要知道這個人物在夢中出現的時機點、地點、身分，以及講了什麼話，再來做夢境分析。 特別提醒： 此夢境解析的竅門有二： 1. 首先就是要從這個人的名字或地名、路名等下去參透。 2. 其次是參透這個人跟做夢者的關係。 而其內在涵意代表的是「加深神明要跟你講的事情的廣度與深度」。

這一門課真是不可思議，也真的讓我感覺到神明真的是那麼的辛苦，不只要思考夢境要如何顯現，還要懂得「音義」跟「諧音」的應用，甚至還要查信徒的交友狀況，這樣才能夠從這些朋友中挑選一位可以出現在夢中且深具代表意義的人。

再往更深一層思考的話，那就是做一件事不要以為神不知、鬼不覺，如果真的是這樣的話，那麼神明如何能夠知道一位信徒過去所認識的每一個人，然後顯現在夢中，一定是已經對你的過去做過總調查了，才會知道一個人的「所有」。

所以，以這個案例為例子，在此要奉勸大家諸惡莫作，眾善奉行；行善積德非常重要，既然每一個我們所做的「惡」上天都一筆一筆記得很清楚，那麼我們所行的「善」當然也會一筆一筆記得很清楚。

希望大家最後都是善多於惡，免墮惡輪迴之苦。

22 夢到車禍、猛踩煞車、車子被吊走、被警察抓

「弟子，第三天閉關講夢境成分分析的這個部分即將要告一段落了，因為再講下去就太多了，你可能會記不住，所以我再教你四個夢境成分後，大概時間就到了。

這個夢境很普遍，大部分的人也都有夢過，但還是要再講一次。

(1) 夢到車禍

夢到車禍代表兩種意義。之前我講過，一個夢境如果遲到有兩種解法時，一定要問過神明才不會解錯。

夢到車禍也是有兩個解法，第一種是在講有『車關』將發生，第二種是在講前途事業將要發生什麼事。當我們不知道要從哪一個方向解的時候，最嚴謹的做法就是要請示神明。

如果夢境講的是車關，那就要進一步請示神明，在哪一段時間，或哪一天開車要注意。不用擔心，神明既然會提早警告你有車關，就一定會告訴你車關的時間點，在那一段時間開車或騎車只要多加注意，就會沒事的。

如果夢境講的是事業，那就要進一步請示神明在事業上要注意什麼，例如：人事、業務、行政，或是不要介入他人的紛爭等等。

我現在要講的不是以車關的角度解夢，而是以前途、事業、工作、生活為主的方向去解夢，因為車關的話，大部分信徒已經知道意思，也知道如何請示神明了。而有關於事業這些方面的成分比較複雜，所以我的重點會擺在這方面。

(2)夢到猛踩煞車

如果有信徒夢到在開車，但車子在行駛中卻一直踩煞車，那就代表這位信徒在現實生活中有一件事情很可能要先暫時停止，或者要放慢腳步。因為踩煞車就是要讓行駛進行中的車子停下來，或放慢速度。

再深入的探討，信徒要是夢到這種夢境成分，即意味：太過於急躁，在錯的時機做對的事，表示還不是時候；在錯的時機做錯的事，表示這件事情本來就不該進行，而這位信徒仍然一意孤行；在對的時機最錯的事，表示可以做，但是方向搞錯了，做錯了。這些錯誤被神明查到了，不趕緊跟信徒講不行，因為再不讓信徒停下來，就要出事了。

弟子，之前不是有一位信徒，這位信徒已經有太太了，有一天他夢到開車載另一位女生，但是車子的速度太快，踩煞車踩到一半還是發生車禍。

當時，弟子你請示神明的結果，就是神明在勸告這位信徒要回頭是岸，這種關係不能再繼續下去了，否則會出事。

還好，最後這位信徒有把神明的話聽進去，不然以信徒的夢境，最後是發生車禍，現實生活一旦出事，最後結果應該會很嚴重。這個夢到踩煞車的案例，就是代表神明要提醒信徒『停』、『慢』。

(3)夢到車子被吊走、人被警察抓或被臨檢

代表神明在提醒信徒最近可能會遇到或不要做一些違法的事，不然會惹禍上身，嚴重一點會有官司的問題。

弟子，你想一想，車子不會平白無故被拖吊，人也不會平白無故被警察抓，一定是車子亂停放，人做了一些不對的事，車子才會被拖吊，人才會被抓走。這個時候，你就要建議這位信徒趕緊請示神明，到底是在講哪一件事可能會有違法之虞。

那麼，人為什麼連什麼是合法、什麼是違法的事都不知道，還要請示神明呢？因為有些信徒太過於單純，太過於善良，運勢低落的時候會遇到一些小人關，被一些人或朋友暗中邀請或騙去做一些事情，導致被牽連其中，遭受池魚之殃，蒙受不白之冤。神明就是查到這件事，才會趕緊顯現這種夢境給這位信徒，否則禍事一旦發生，這位信徒恐怕整個事業、前途、人生，都會受到嚴重的影響。

弟子，我還是那句話，檢視夢境成分要夠完整，不要片面，也不要斷章取義，因為夢境的完整性很重要，尤其是結局。

例如，『如果夢中有踩煞車，最後沒有發生車禍』、『拖吊車來拖吊時，人及時趕到，最後車子沒被吊走』、『騎車或開車到一半被攔下來臨檢，最後沒事』等等，這些夢境的結局，代表的是有驚無險的含意。

相對的，如果夢境的結局是『如果夢中有踩煞車，但最後還是發生車禍』、『拖吊車來拖吊時，人雖及時趕到，但最後車子還是被吊走』、『騎車或開車到一半被攔下來臨檢，查到身上有違禁品，最後被抓走』等等，這些夢境的結局，所代表的是一旦讓事情發生，事態將會很嚴重，不可等閒視之。

還有一種情況，就是夢中『有踩煞車，但最後……』、『拖吊車來拖吊時，人雖及時趕到，但最後……』、『騎車或開車到一半被攔下來臨檢，……』，這種沒有讓信徒看到結局的情況時，請注意，不是信徒忘記夢境結局，而是夢境中沒有顯現結局讓信徒看，這就代表這位信徒在某段時間『即將』會遇到，這是未來式。也就是離現在還有一段時間，結局混沌不明，神明只是現在提早提醒。

所以，最好的做法是趕緊請示神明，在哪段時間要注意，要注意哪些事。以最白話來解釋，就是**沒有顯現結局的夢境，大多是要以『急件』來處理了**。弟子，我講解的這個部分以你的悟性，我想應該是沒問題才是。」

夢境	夢境狀況	代表意義	延伸狀況和說明
車禍、猛踩煞車、車子被吊走、被警察抓	車禍	1.有「車關」將要發生。 2.前途事業將要發生什麼事。	如果夢境講的是車關，那就要進一步請示神明，在哪一段時間，或哪一天開車要注意。 如果夢境講的是事業，那就要進一步請示神明在事業上要注意什麼。

猛踩煞車	現實生活中有一件事很有可能要先暫時停止或要放慢腳步。
車子被吊走、人被警察抓或被臨檢	提醒最近可能會遇到或不要做一些違法的事，不然會惹禍上身。

★**平安無事**
代表有驚無險。

★**發生事件**
代表一旦讓事情發生，事態將會很嚴重，不可等閒視之的含意。

★**夢境沒有結局**
代表在某段時間「即將」會遇到，是未來式，只是結局會混沌不明，最好趕緊請示神明要注意哪些事。

23 夢到鞋子破掉、腳趾頭流血

「弟子，鞋子是用來做什麼的？是用來走路的，而走路就是代表我們未來所要走的路。所以，以後如果有信徒夢到鞋子破掉、丟掉、裂掉，選不到適合的鞋子，或者是腳趾頭流血，甚至是凍甲（醫學名詞為甲溝炎），這些的夢境成分都是在講接下來要走的路必須要小心、注意，否則很有可能會讓自己受傷，甚至一路走得跌跌撞撞，坎坷不已。

當信徒夢到這種夢，現實生活中未婚且真的面臨感情問題時，那就代表神明暗示要再三考慮所選擇的對象。相對的，如果信徒是已婚而夢到這種夢，現實中確實面臨婚姻問題，代表神明在暗示，接下來雙方要好好協調與溝通，才不會讓婚姻之路很難走，甚至走不下去。

這個夢境成分除了講婚姻及感情外，也會講到學業上的事。弟子，你還記得去年，也有一位信徒來城隍廟問有關他兒子學業的事嗎？這位信徒的兒子考上了兩間學校，一間是在臺灣，一間是在國外，全家都不知道要如何幫他兒子選擇時，這位信徒就來城隍廟點香，祈求城隍爺指點迷津。當天回去後，這位信徒就夢到一個夢，他夢到：

夢境實例 **兒子出國念書**

他兒子要出國念書，所以他陪著兒子到機場。

當他兒子拖著行李準備進海關的時候，這位信徒忽然看到他兒子穿著一雙破鞋，而且走路一跛一跛的，於是他就問他兒子：「你的鞋子怎麼破了，而且走路一跛一跛的？」他兒子回答：「因為路不好走，崎嶇不平，而且有很多石頭，所以把鞋子磨破了。」

隔天，這位信徒來城隍廟擲筊，請示出來的結果是，指示他兒子如果選擇出國念書的話，會比較不順利，因為這個夢的重點在於：

(1)因為路不好走，崎嶇不平且有很多石頭，所以把鞋子磨破了。

(2)夢裡的環境是在機場。

(3)他兒子走路一跛一跛的。

(4)是在這位信徒為了他兒子學業上的事，在城隍廟點香完回去後馬上夢到的。

從以上四點就可以看得出來，這位信徒的兒子最好不要選擇出國念書會比較好。然而，最後他兒子仍然選擇出國去念書，但在今年年初，卻因為跟他的指導教授處得不好，最後休學回臺灣了。

所以，弟子，你要了解一個道理，不管是信徒求的是婚姻、事業還是學業，只要夢到鞋子破，那你就要告訴這位信徒，必須考慮再三，三思而後行。」

夢境	夢境狀況	代表意義
鞋子破掉或腳趾頭流血 鞋子代表未來所要走的路。	**鞋子破掉、丟掉、裂掉，選不到適合的鞋子，或者是腳趾頭流血，甚至是凍甲**	代表接下來所要走的路都必須要小心、注意，因為無論是情感、婚姻、學業或事業，只要一不注意，就很有可能會讓自己受傷，甚至一路走得跌跌撞撞，坎坷不已。
	若加上現實生活中有感情、婚姻困擾	若未婚，代表神明在暗示要再三考慮所選擇的對象。若已婚，則要與另一半好好協調、溝通。

24 夢到證件，如身分證、護照、駕照丟掉或破掉

「如果有信徒夢到證件，包含身分證、護照、駕照等，那就要先思考一件事：證件代表的是一個人的身分、關係。另外，如果夢中出現行李，代表的是接下來要做的事或任務。

所以，弟子，一般人如果夢到這種夢境成分，有五大方向必須要注意：

(1)夢中的這個證件是信徒本人的。

(2)夢中這個證件是別人的。

(3)夢中的這個證件是信徒本人的，但已經破掉或撕掉了。

(4)夢中的這個證件是別人的，但已經破掉或撕掉了。

(5)如果證件沒有破掉或撕掉而是遺失，是不是放在行李或包包裡面一起遺失的？

弟子，聽好囉，掌握這五大方向之後，如果信徒夢中的這個證件是別人的，那就要問信徒跟證件擁有者是什麼關係？因為只要夢到證件出現這些狀況，就表示神明在提醒這位信徒，跟夢中證件擁有者的關係即將要生變了，要趕緊問出原因加以預防，這樣才不會發生一些遺憾的事。相對的，如果證件是信徒自己的，那就代表這位信徒的信用可能有問題了。

在今年年初不是有一位信徒夢到他跟他太太要出國度蜜月，但這位信徒把他跟他太太二人的護照放在行李裡面，一不小心整個行李都不見了，還好後來行李有被警察找到。弟子，這個夢境裡面要注意的重點是：

(1)不只是信徒本人的護照遺失，連他太太的護照也一起遺失了。

(2)夫妻二人要去度蜜月。

而這位信徒來城隍廟問事時，一問之下才知道，原來他們夫妻二人的婚姻正面臨問題。而婚姻面臨問題時，一般是不太可能去度蜜月的不是嗎？而且度蜜月的行李跟護照又偏偏全都遺失，所幸的是，最後全部都有找回來。

這對夫妻最後都願意再給彼此一個努力的機會，沒有走上離婚這條路，這跟這個夢境的結局就有吻合了——行李跟護照都有找回來。

另一個案例，不是有位信徒夢到他騎機車要去上班，在途中不小心讓他的皮夾掉在路上，裡面當然有身分證跟一些信用卡，都不見了，不久之後警察就找上門來，將這位信徒帶走，而且被帶走時手上還被戴上手銬。

這位信徒來城隍廟請求指示，城隍爺交代他，在某月如果有人要找他投資，千萬不能答應。果不其然，在城隍爺交代的那個月份，真的有一位他的朋友想找他合資做生意，幸好這位信徒當時並沒有答應，甚至還勸他朋友不要去投資那個生意，可是他朋友卻聽不進去。過不多久，他朋友的所有資金幾乎被詐騙集團騙得所剩無幾，雖然懊悔，也無可挽回了。

所以，弟子，你要記住，只要夢到這種證件的夢境，大多數都是神明要提醒信徒注意一些事，至於是什麼事，則還要搭配一些夢境成分才能作最準確的解夢判斷。

總之，弟子，只要有信徒夢到證件破掉或遺失，都要建議他們趕緊去請示神明，因為神明會指示未來有可能發生的事情，好加以預防，甚至如果已經面臨到問題了，也會教你進一步解決問題的方法。」

夢境	夢境狀況	代表意義
證件 代表一個人的身分、關係。	**證件，如身分證、護照、駕照丟掉或破掉** **證件是何人的？**	代表相關於身分或關係層面有問題即將發生。 ★**證件是別人的** 提醒跟夢中證件的擁有者的關係要生變了，要趕緊向神明問出原因，加以預防。 ★**證件是自己的** 代表自己的信用可能有問題了。

25 夢到神明不見了或神明爐起火

「弟子，將來一定會有信徒問你：『老師，我夢到家裡神桌上的神明不見了（或神明爐發爐）！』如果有信徒夢到這種夢的話，你要建議這位信徒趕緊請示神明，因為這種夢境有時候正是代表家裡的神明遇到了什麼困難，或者這位信徒做錯什麼嚴重的事，以至於即將發生重大的事，神明才會用這種夢境來提醒這位信徒。所以，如果有遇到這種夢境，案件大多非比尋常，一定要建議信徒趕緊請示神明，不要讓遺憾的事發生。

弟子，你還記得今年有一位信徒來城隍廟問事，但城隍爺及宗天宮神明一開始都沒有先針對他要問的事情告訴他，卻先告訴他，在某月的哪三天內不要往住家的北方去。然而，時間到了城隍爺指示的那個月份時，這位信徒不知道是忘了，還是疏忽了，依然騎著機車往住家的北方去。當這位信徒騎到一個空地時，看到這塊空地圍著很多人，這些人裡面有他認識的朋友，於是他就停下來看。

原來這塊空地有一間工寮，工寮裡面有一對情侶自殺，男的是上吊自殺，女的是喝農藥，而這些人跟他朋友正在跟一位專業法師討論如何處理這間工寮以及上吊的那根横樑。這位信徒聽著聽著，忽然很大膽的對在場所有人及這位專業法師說：『哎呀，你們不用那麼麻煩啦，我請我家那尊媽祖來處理就好了。』

這位信徒講完後，當場所有人都面面相覷，接著這位專業法師就問他：『你確定要這麼做？這不是開玩笑的喔。』這位信徒回答：『沒問題啦，包在我身上。』

這位信徒回去後，就在當天晚上馬上做了一個夢，他夢到：

夢境實例

媽祖的頭斷了

信徒家裡神桌上媽祖金身的頭斷掉，而且媽祖的頭斷掉後，還從神桌上一直滾到地下，頭滾到地下後忽然燒了起來，接著整個神桌也都燒了起來。

這位信徒醒過來之後，發現自己是嚇出一身冷汗醒過來的，於是馬上到梓官城隍廟擲筊請示城隍爺及宗天宮媽祖。弟子，你幫這位信徒請示的結果，就是神明在交代這位信徒，千萬不能私自把家中的那尊神明請去那間工寮祭煞，否則一定會害到家中的媽祖遇到麻煩。還好，這位信徒最後懸崖勒馬，並沒有請家中的媽祖去祭煞。

這位信徒後來誠心地去跟當時那位法師解釋無法請家神過去時，那位法師就對這位信徒說：『先生，你知道你當時說要請你家的媽祖過來祭煞的時候，其實我是嚇一大跳的。祭煞不是一件小事，一般都是請大廟的神明出面做主處理的。聽完這位法師的解說，這位信徒才一五一十地把經過跟這位法師講，包含之前城隍爺及宗天宮神明指示在哪三天內不要往住家的北方去，以及夢到他家中媽祖頭斷掉的夢境。

這位法師聽完後，點點頭非常讚嘆地跟這位信徒說：『你應該要好好的感謝梓官城隍爺，以及宗天宮媽祖，幫助你及家中的媽祖避開這不必要的麻煩。』

所以，弟子，以後一定會有信徒夢到他家中的神明的頭斷掉、燒掉或不見了等等的夢境成分。只要有信徒夢到這種夢境，一定要趕緊到大廟請示神明，是不是家神遇到什麼麻煩？或是不是家神要指示什麼重大事情？否則神明是不會隨便給信徒夢這種可怕夢境的。

現在時間也差不多了，你該把今天我教給你的內容完整的記錄起來，不然再講下去你會記不起來了。」

「好，在此感謝宗天宮大聖母的解說，弟子一定會完整的把你教的內容記錄下來。」

夢境	代表意義
神明不見了或神明爐起火	代表家裡的神明遇到了什麼困難？或者做夢者本身做錯什麼嚴重的事，以至於即將發生重大的事，神明才會用這種夢境來提醒。

特別提醒：

如果有遇到這種夢境，案件大都非比尋常，建議一定要趕緊請示神明，不要讓遺憾的事發生。

到目前為止，我相信大家對神明的慈悲、智慧與辛勞，一定跟以前的看法有很大的不同了，因為神明要做的事、想的事，真的比我們人多太多了。所以，我們不應該再說神明都沒有保佑我們，而應該要說：「我到底有沒有去真正了解神明要跟我說的話？」、「我到底有沒有誤解了神明的話？」神明的話最怕被「斷章取義」，一旦被「斷章取義」，其最後結果也一定會變成「倒果為因」。

此時的我已經醒過來了，第一件要做的事就是立刻把剛剛夢中的內容給完整記錄下來，不然很容易就會忘記，忘記的話可就大事不妙了。

第三章 夢境整合分析

閉關已經進入了第四天到第六天的階段，這三天閉關的主要內容，是講夢境整合之分析，這個部分可以說是相當重要的一個部分，同時也是最變化無窮的部分。說得具體一點，就是把這個部分參透通了，你就可以成為一位解夢高手，無論遇到什麼複雜的夢境都難不倒你了。

擁有「蛋捲理論」以及「夢境成分之分析」兩種思維之後，相信現在的你對解夢這領域的想法已經跟以前有很大的不同，也就是打通任督二脈後，接下來就可以開始練上乘功夫了。

這個部分主要教大家的竅門是：一個完整的夢境一定包含很多的夢境成分，那我們該如何把這個完整的夢境給精準的解出來呢？

觀音佛祖對夢境整合的授解——第四天閉關

把所有的夢境成分一一向神明擲筊驗證無誤且完整記錄完後，稍作休息一下，時間已經來到了晚上，我趁還沒有睡意之前，再一次溫習所記錄的內容。說真的，當時的我是邊看紀錄邊搖頭，真心感嘆神明的這種大智慧，這些有錢也買不到的解夢天書內容與竅門，如果不能傳給後世，豈不是人生的一大遺憾！這時候我就告訴自己，無論有多困難，我一定要遵照宗天宮紫微大帝與媽祖的交代，把這些內容留給後代子孫，讓世人了解神明的智慧與慈悲，最重要的是，讓後代有心為神明服務的人可以有個學習參考的依據。宗天宮眾神明，謝謝您！

這個時候忽然睡意來了，不久之後就睡著了，我夢到……

我在城隍廟裡面整理一些問事的資料，這時候有一位婦人從神龕上面走下來，當我看到這一幕時，心裡面不禁嚇了一跳，想說這位婦人怎麼可以這麼過分，怎麼可以從神龕上面走下來呢？神龕空間又不是很大，在裡面不會覺得卡卡的嗎？

這位婦人看到我就笑笑的對我說：「我是宗天宮觀音佛祖，今天我要教你的課程，是如何把一個夢境裡面所有的成分做一個完整的串連，也就是所謂的『夢境整合之分析』。弟子，你可以把前幾天閉關時紫微大帝跟大聖母所教你的課程一一擲筊確認無誤，證明你的悟性已經進步了很多。所以，接下來的課程更加深奧，你要更用心的學習。但是在開始上課之前，我想對你說的是，你剛才心裡在想，我在神龕裡面不會覺得卡卡的嗎？弟子，卡卡的是在暗示什麼？身材？體重？體積？還是……？」

我一聽她是宗天宮觀音佛祖時，嚇到整個人直冒冷汗，又聽到佛祖問我卡卡是在暗示什麼，雖然這時候的節氣是走到端午的炎熱時節，但我的頭皮卻冷到發麻，身體微微的顫抖。我對觀音佛祖說：「佛祖，誤會了，誤會了，我沒有在暗示什麼，我只是……。」

沒等我說完，宗天宮觀音佛祖就對我說：「好了，好了，你不用緊張。我知道弟子你是一個性情中人，神明注重的是一個人的真心；只要是真性情，不虛、不偽、不欺天、不瞞地，都不用害怕。好了，我們開始上課了。」

當時還在打冷顫的我，聽到佛祖這些話，頓時就像一股暖流注入了我的全身一樣，果然觀音是很慈悲的，此時內心對佛祖充滿了無比的尊敬與感激。

這時候我看到宗天宮觀音佛祖拿出那一本《解夢天書》，放在桌上並且翻到某一頁之後，對我說：「弟子，你從這裡開始看。」

「哈哈，佛祖啊，你那本《解夢天書》是神明的字體，我看不懂啦。」

宗天宮觀音佛祖這時候不慌不忙的拿出一副眼鏡叫我戴上，說戴上之後就看得到字了。當時我心裡面十分懷疑，有可能嗎？是賭神的那副眼鏡嗎？我只好半信半疑的戴上眼鏡，然後再看那本《解夢天書》。一看之下，我簡直不敢相信我的眼睛，「哇塞！ㄟ，佛祖，字還真的變正楷了耶，好玄喔。」

我與奮地仔細看《解夢天書》，一頁又一頁的看，我發現書裡面的每一個字都是用紅色硃砂筆寫的，而且每個字都寫得好工整，好漂亮喔！

這時候，宗天宮觀音佛祖對我說：「我現在要開始講『夢境整合分析案例』，裡面的案例也是你曾經所處理過的案件。

弟子，你知道嗎？你所處理過的每一個案件，不只宗天宮眾神明有做記錄，就連上天也都有做記錄。所以，任何案件只要有出差錯，上天都會知道。弟子，你一定要謹記在心，按照神明所教你的技巧與訣竅去處理，就不會出差錯。

好，現在我要開始以你實際處理過的案件做教學解說，這樣會比較清楚，也比較能夠讓你掌握更深一層的竅門，然後你再把融會貫通的心得完整的記錄下來寫成一本書，將來宗天宮開班授課的時候，就可以成為一本『問事經典』教材教導你的學生了。」

「好，弟子一定會認真的學習，謝謝宗天宮觀音佛祖。」

於是，我就從案例一開始看。案例一上面寫著……

案例一 不要怕，宗天宮媽祖帶你回家

有一位信徒念高中的女兒因為暑假打工，一天早上八點多的時候騎著一輛腳踏車在

前往上班的途中，不幸被一輛正要右轉的小客車擦撞倒地。這位小信女倒地時頭部是直接撞到地上，導致頭部出血，送醫急救之後還是昏迷不醒。

這位信徒在醫院照顧她女兒這四天來，心急如焚，日日夜夜都盼望著他女兒能夠醒過來，可是已經經過四天了，還不見她女兒甦醒的跡象。人就是如此，醫學可以嘗試的方法都嘗試過，且沒有任何進展的話，就會開始尋找宗教途徑解決了。於是，這位信徒開始透過親友的介紹到處求神問卜，一心只為了要讓女兒趕緊醒過來。這位信徒到了好幾間廟問過，每間廟問出來的結果都是說明天就會醒過來，可是又過了好幾天，這位信徒的女兒依然還是沒有醒過來。

時間又經過了好多天，這位信徒疲憊地站在女兒病床旁邊，望著他女兒蒼白且虛弱的臉頰，不自主的又落下眼淚來。這個時候，這位信徒擦乾眼淚走到窗前，雙眼望著天空，內心在告訴上天，為什麼他的女兒會變成這樣？一位活潑又乖巧的女生，體恤父母的辛勞，想為父母分擔一些家用，才會想在暑假時去打工，如今卻發生這種事。

「蒼天啊！我已經老了，人生已經沒有剩多少了，而我女兒還年輕，她還有大好的前程。如果可以的話，我願意用我的生命換回我女兒，祈求上蒼俯允。」

也許是這位信徒的真誠感動了上天，天無絕人之路，這時候出現了一位貴人。一位在照顧隔壁病患的看護告訴這位信徒：「先生，心情放開一點，我看你這麼難過，這樣子好了，你要不要再去一間廟試試看？」

這位先生馬上問這位看護：「廟在哪裡？」

「往南走不遠。」看護回答，「先生，聽說這間廟很靈驗，我在這間醫院當看護好幾年，曾經看過很多病患的家屬都會去這間廟幫家人祈福。先不去管結果會如何，但你至少可以去試試看。」

這位信徒一聽，彷彿是絕處逢生一樣，同時內心產生一股莫名強烈的感覺告訴自己：「我女兒這次有救了。」所以，毫不考慮立刻動身前往這間廟。

當這位信徒到達這間廟並走進去的時候，抬頭一看，上面寫著「宗天宮」。於是這位信徒趕緊點了香跪著跟這間廟的主神稟告：

「大慈大悲，救苦救難的宗天宮天上聖母在上，弟子的女兒因為在前一陣子發生交通意外，現在在醫院昏迷不醒。弟子這一輩子從沒有做過違背良心的事，做人也一向奉公守法，潔身自愛，抬頭挺胸，昂首闊步，上不愧於天，下不陷人於不義。那為什麼弟子的女兒會遭此噩運？所以，弟子在此以最誠懇之心，祈求天上聖母大發慈悲救救弟子的女兒，如果弟子的女兒有醒過來，弟子願意在能力範圍內佈施行善，造福鄉民。」

這位信徒在媽祖廟祈求完回到醫院後感到很疲憊，於是就躺在病床旁的家屬陪病床上，一下子就不知不覺地睡著了。睡著後，這位信徒馬上夢到：

一天晚上，這位信徒要去他女兒的房間叫他女兒下來吃晚餐，一進去房間，看到房間裡面光線很昏暗，於是就問女兒：「房間裡面這麼暗，你為什麼不開燈？」他女兒回答說：「因為燈管已經壞了。」這位信徒上前去勘查，結果發現三支燈管確實已經壞了兩支，只剩下一支燈管是好的，所以室內的光線才會這麼昏暗。

當他女兒準備跟著信徒下樓吃飯時，由於室內光線昏暗不明，行走又很急促，結果他女兒的腳不小心去踢到旁邊的置物櫃，整個人一下子跌倒在地下，頭不偏不倚地去撞到桌角，這麼一撞，造成她女兒頭部流血且昏迷了過去。

這位信徒一看到女兒昏過去，便趕緊要送女兒到醫院，當時他跑到路上，卻怎麼攔都攔不到計程車，他只好揹著女兒直奔醫院。這位信徒揹著女兒一直跑、一直跑，忽然看到前面大塞車，整條路不管是人或車都無法前進，心急之下就問旁邊的路人：「前面是發生什麼事嗎？不然怎麼整條路都動彈不得？」

路人回答：「因為前面有人在出殯，喪葬隊伍太長，所以塞車了。」

自己的女兒已經昏迷不醒急著要送醫院了，偏偏這個時候又遇到喪葬隊伍堵在這邊動彈不得，就在這位信徒心裡急得不知該如何是好時，整個喪葬隊伍已經走到他的眼前了。

就在這時，有一位身穿麻衣黑色孝服的男生看到他揹著女兒，就伸手過來抓他女兒的頭髮，然後笑著對這位信徒說：「這位妹妹是跌倒的吧！我跟你講，是我推倒她的，整條路都已經動彈不得了，看起來你女兒已經來不及了，沒救了，放棄吧。」

這位信徒聽完，馬上就對這位身穿麻衣黑色孝服的男生說：「我告訴你，我絕對不會放棄我的女兒。」話一說完，馬上又揹著女兒開始繞小路，想盡辦法就是要帶著他女兒從這個車陣繞出去。

天下無難事，只怕有心人，繞了好一陣子，終於讓他找到一條可以出車陣的路。出了車陣之後，這位信徒就一直跑，跑到一間廟裡面，他抬頭一看，宮匾上面寫著「宗天宮」三個大字，心裡想：「這不是一間媽祖廟嗎？」

這個時候，從廟裡面走出好幾個人來，其中有一位女士對這位信徒說：「你趕緊把你女兒抬進來。」

大夥幫忙把信徒的女兒抬進房間，並放在床上後，這位女士馬上對這位信徒說：

「弟子，我是宗天宮大聖母，你今天到我宗天宮前點香祈求你女兒之事，我宗天宮眾神明都已知曉，現在宗天宮眾神明要來全力搶救你女兒，你先不要擔心。」

這位信徒一聽完，馬上跪在宗天宮大聖母面前大聲哭著說：「謝謝大聖母，求求你，一定要救醒我女兒，求求你，求求你……」這位信徒邊哭邊磕頭，直到旁邊有人將他攙扶起來。

這個時候，宗天宮大聖母召集大夥進去一間會議室，然後對著大家說：「我們現在來討論這位信徒的女兒的事，這件案子有點緊急，大家請先看一段影片。」

會議室前面有一個大螢幕，負責播放影片的是一位年輕人。當這位年輕人按下播放鍵後，影片裡面播放的竟然是這位信徒躺在陪病床後所「夢到的夢境」，而這位信徒本身也在螢幕前看得目瞪口呆，想說自己為什麼會出現在影片裡面？

當影片播放一小段後，宗天宮大聖母忽然叫那位負責播放的年輕人說：「好，停，這邊先暫停一下。」

夢中夢整合之分析

宗天宮大聖母指著螢幕對大家說：「大家請注意看，這位信徒在螢幕前看到自己的夢境，這是什麼意思？這就是『夢中夢』，也就是夢中的你的靈魂又親自看到另一個夢境的產生，這是屬於一種深層的夢境。而夢中夢的三種意義之一，就是夢境裡面再夢到的那件事情，已經在現實生活中發生過……（意義請參考前面夢境成分分析）。所以，這個部分是要強調：這件事情已經發生了。」

夢到室內光線昏暗之整合分析

「接下來我們繼續看。」當年輕人繼續按下播放鍵後，現在影片裡面呈現的是這位信女的房間，而信女房間裡面的光線卻十分昏暗。

「這是什麼意思呢？這就是代表一個人的運勢低，一個人運勢低的話，光明就會很黯淡，光明很黯淡又不小心的話，就很容易失足跌倒，也就是很容易出事的意思。後來這位信女是不是就跌倒撞到頭了？」

這時會議室裡面所有人，包含這位信徒，都點點頭表示認同。

夢到喪事之整合分析

現在影片正在播放信徒揹著女兒趕去醫院，但交通大塞車——遇到喪葬隊伍。

「如果信徒夢到的『喪事不是自己的親人往生』，這又表示什麼意思？就表示『有可能』是遇到一些比較不乾淨的東西。」

宗天宮大聖母解說到這邊，忽然提高音量說：「現在重點來了，有一位身穿麻衣黑色孝服的男生拉著這位信女的頭髮說：『這位妹妹是跌倒的吧！我跟你講，是我推倒她的，整條路都已經動彈不得了，看起來你女兒已經來不及了，沒救了，放棄吧。』剛剛我們說，如果夢到喪事一開始只能說『有可能』是遇到一些不乾淨的東西，現在夢中裡面的這位男生說『是他推倒的』，加上現實生活中這位信女的身體狀況現在確實是昏迷不醒，那我們就可以更進一步的肯定『確實』是遇到一些比較不乾淨的東西了，而信女的昏迷不醒，就是身穿麻衣黑色孝服的這個人所造成的。

除此之外，我們還可以判斷現在信女的狀況很危險，為什麼呢？因為這個穿孝服的人說：『整條路都已經動彈不得了，看起來你女兒已經來不及了，沒救了，放棄吧。』表示信女人生這條路現在是進也無路、退也無路，沒救了。」

宗天宮大聖母繼續說：「不過，上天真的是有好生之德，還好這位信徒在夢中有說他絕對不會放棄女兒，並且最後終於還真的讓他『找到一條走出車陣的路』，這就代表著，這位信女現在的狀況雖然很危險，但還不到沒救的地步。」

還不到沒救的地步？那這位信徒現在該怎麼辦？或該怎麼做呢？

夢到人、地方之整合分析

「夢境的結局通常暗示著事件的未來發展。」宗天宮大聖母說：「這位信徒揹著女兒走出車陣之後，直奔到一間廟，抬頭一看，宮匾上寫著『宗天宮』三個字，這就表示這件案子要靠宗天宮神明來處理了。再深入一點的解釋，遇到不乾淨的東西，只有神明方可解決，人力很難去周旋了。」

「我把這位信徒剛剛所做的夢境都已經向大家解說完了，為了讓大家更加清楚，現在我再把剛剛講過的夢境做一次總整合，大家要把它記下來。」宗天宮大聖母對所有人說。

案件總整理

案件：信女車禍

現階段情況：經醫學治療後仍昏迷不醒

信徒之四大夢境成分分析：

第一片段：夢中夢

第二片段：夢到室內光線昏暗

第三片段：夢到喪事

第四片段：夢到人、地方

把夢境成分串連總整合之分析：

宗天宮大聖母說：「這位信徒的女兒因為現階段的運勢很低，光明呈現黯淡的情況，人生愈是在這個時候，愈是應該要處處謹慎小心才是。然而，這位信徒卻不知道他女兒目前的運勢狀況是呈現低迷走向，一不注意就發生車禍，導致現在就醫後昏迷不醒的狀況。

這位信徒經一位看護貴人指點，就前往宗天宮點香誠心祈求，馬上夢到並明白他女兒發生車禍主要原因是因為運勢低，而且遇到一個不乾淨的東西，才導致現在昏迷的危險情況。宗天宮神明知道這個案件的情況很危急，才會以夢中夢的型態來顯示給這位信徒知道，主要是要讓信徒知道，他這個夢境確實是神明在告訴他女兒發生車禍的整個來龍去脈。

雖然這位信徒的女兒情況很危急，但也不是到沒有救的地步，我們宗天宮神明既然有能力查出根本原因在哪裡，那我們就要有辦法幫這位信徒處理。

目前為止，夢境整合起來就是這樣，大家都清楚了嗎？」宗天宮大聖母問。

「都清楚了。」會議室所有人一致地回答道。

「好。我接著要講的是，既然根本問題找到了，也就是這個欠點證實是一位男生外方（不乾淨的東西），接下來就是要如何『解決問題』了。」宗天宮大聖母說。

神明所教的問題解決方法

宗天宮大聖母對著這位信徒說：「我現在給你一張有宗天宮玉敕頭銜的符令，你拿回去戴在你女兒身上，如不方便戴身，也可以放在枕頭底下。

為什麼要給你的女兒戴這張有宗天宮玉敕的護身符呢？因為這張護身符具有三個功用：

第一個功用：神明會立即提供保護

宗天宮馬上會有神明帶領著兵將到醫院保護你女兒，讓你女兒的身體狀況不再受外方干擾，只要外方不再持續干擾，病情就不會再惡化下去，病情若不會再惡化下去，人醒過來的機率就會很高。所以，這個步驟是一定要先做的。

第二個功用：以「保護信徒」以及「根治」為優先考量

神明在處理事情與考慮事情的角度，都會以『保護信徒』以及『根治』為最優先考量。

這是什麼意思呢？也就是這張護身符正是代表著宗天宮的書信與公文，宗天宮的神明即將要約談這位外方，這種狀況就像是凡間的警察或檢調機關在約談黑社會一樣。神明所約談的內容包含：這位信女與這外方有無冤仇？有的話，要如何化解？沒有的話，就要問出為什麼要干擾這位信女，讓她昏迷不醒？以及要如何給信女一個交代等等。這就是這張宗天宮玉敕護身符的第二功用。

第三個功用：在期限內要好轉

通常神明約談外方都會有一個期限，有些要談二個禮拜，有些要談到一個月，甚至到兩個月，至於期限要多久，要看案件的複雜度來決定。那要談多久是誰決定的？

當然只有神明可以決定，因為只有神明知道案件有多複雜，需要花多少時間約談與調查。所以，神明通常都會指示問事者要談多久。

我們以你的女兒為例子好了，假設如果神明指示護身符要給這位信女戴二個禮拜，那就表示神明需要二個禮拜的時間去約談、談判、協調、處理等等。再深入一點的解釋，就是『如果神明談判成功，二個禮拜內這位信女就會醒過來。相對的，二個禮拜內如果沒有醒過來，那就表示神明約談外方與談判結果出現問題，或內有隱情，要趕緊進一步的追問其中原因』。

好，弟子，你趕緊把護身符拿去給你女兒戴上，約定二個禮拜，如果二個禮拜宗天宮跟外方已經有談出一個結果來，那麼你女兒在二個禮拜內就會醒過來。

要記住，醒過來之後一定要再過來宗天宮，請示後續要再做些什麼處理，這樣才是有頭有尾。」

這位信徒一拿到宗天宮玉敕的護身符後，一刻也不停留的馬上飛奔回去醫院，並把護身符戴在她女兒身上。同時，宗天宮大聖母也兵分多路，帶領其他神明與兵馬進行約談這位外方。

這位信徒回去把護身符戴在她女兒身上之後，吃了一些東西，隨即躺在旁邊的家屬陪病床上睡著了。說也奇怪，睡著之後這位信徒立刻做了一個夢……

他躺在女兒病床旁的陪病床上睡覺，睡得正酣甜時，卻被一些人的說話聲音給吵醒。當這位信徒坐起來後，看到病房內不知道為什麼站了很多人，他算了一下，總共有十六個人，當中有男有女，而且他感覺到這十六個人是分成兩派人馬。詭異的是，他看到眼前的這兩派人馬，就好像是電影裡面演的那種談判的情節。

就在這個時候，有兩個很壯碩的年輕人朝這位信徒走了過來，其中一位年輕人對這位信徒說：「你不用怕，你就站在旁邊看就好了。」

這位信徒反問這位年輕人：「你們是誰？為什麼會到我女兒的病房裡來？你們要做什麼？」

這位年輕人回答：「我是宗天宮千里眼，他是順風耳，我們是宗天宮天官紫微大帝，以及大聖母派來處理你女兒的事。你有沒有看到？」

這時千里眼指著站在最前面一位大約五十多歲、長相很斯文又很威嚴的一位先生說：「那位就是宗天宮天官紫微大帝。」

隨即又指著站在紫微大帝右邊的一位年約四十多歲的女士說：「那一位就是宗天宮大聖母。」

這位信徒馬上回答千里眼：「宗天宮大聖母我看過，之前我到宗天宮跪求媽祖幫忙的時候，大聖母很慈悲地在宗天宮門口把我牽起來，還叫我不要擔心，所以我還有印象。」

千里眼接著繼續對這位信徒說，「右邊這幾位年輕人就是統領宗天宮東、南、西、北、中五營兵馬的將領，也是接到宗天宮紫薇大帝及大聖母的法旨，一起來處理你女兒的事。其餘的那些人，就是讓你女兒昏迷不醒的『外陰』，俗稱外方。你現在就在這邊靜靜的看著，不要出聲，等一下我們要跟對方開始談判了。」

就在這個時候，只見宗天宮天官紫微大帝指著對方其中一位全身穿黑色衣褲，外面還披著一件麻衣外套，長得一副滿臉凶狠樣，更可怕的是，右邊的臉還破掉的先生說：「我是宗天宮天官紫微大帝，這位是宗天宮大聖母，我想要問你們，經過我們的調查，我的信徒的女兒並沒有什麼地方得罪了你們，也沒有做什麼對不起你們的事，對吧？」

這位黑衣男回答紫微大帝：「對。」

「既然對，那你們為什麼要把她弄成這樣昏迷不醒？如果這位信女有錯在先，那還另當別論，可是今天她是無辜的，你們卻做出這種事來。所以，今天你們一定要給我們一個交代，否則，這件事我很難跟你們善了，以後你們的日子肯定會很難過。」

宗天宮大聖母用很大聲又很凶的口氣指責著那位黑衣男。

當時，黑衣男他們一個個都沒有出聲，正確來說，應該是他們也不知道該怎麼回答大聖母，從他們臉上的表情看得出來，他們已經被宗天宮紫微大帝及大聖母一身正氣的神威震攝到了。

過一會兒，黑衣男回答：「稟報宗天宮紫微大帝及大聖母，這件事情的起因是我們有一位剛往生不久的男魂所為，因為這位新男魂不知道隨便捉弄陽間的人的嚴重性，所以……。所有的來龍去脈，大聖母你已經查到了不是嗎？也已經顯示夢境給這位信徒了（喪葬隊伍）。確實是我們不對在先，請紫微大帝以及大聖母原諒這位新魂的無知。」

宗天宮紫微大帝說：「好，既然已經知道錯了，接下來我有幾點要求：

第一，我查到我這位信女有一條元神失落在車禍地點，已經被這位新魂帶走，你告訴這位新魂，兩個禮拜內把這位信女的元神交還給我，讓元神回歸身體。

第二，以後不准再找這位信徒以及信女的麻煩，你們有什麼要求，可以來我宗天宮，在合理的情況下我可以為你們做主。

第三，以後不能再對陽世的人做出這種事，否則下次再被其他神明查到，可能不會像這次這麼簡單就能解決了。」

黑衣男起身，先對宗天宮紫微大帝及大聖母深深鞠躬，然後回答：「是，我們一定謹記在心。」

在黑衣男講完之後，這時有一位男生走進病房，而這位男生的背後跟著一位女生，正是信徒的女兒。

當信徒看到他的女兒時，一時想要跑過去牽她女兒的手，卻被旁邊的千里眼拉住。千里眼小聲的對這位信徒說：「你不要急，你女兒的元神找回來了，等一下大聖母會為你作主。」

這時候，黑衣男對宗天宮紫微大帝及大聖母說：「信女的元神在此。」

宗天宮大聖母走過去牽著這位信女的手，用很慈悲又溫柔的口吻對著她說：「我是宗天宮大聖母，不怕，不怕，你爸爸為了你的事很擔心，這幾天的奔波已經精疲力盡了，來，我帶你回家。」

這位信女雖然無法講話，卻緊緊抱著宗天宮大聖母哭泣。

然後，宗天宮大聖母牽著信女的手走近病床，並對著她說：「來，躺上去。」

當這位信女完全躺上病床之後，大聖母隨即伸出手指著信女的額頭，並喊了一聲：「敕。」

就在這個時候，忽然有一個急促的聲音叫醒了這位信徒，正是隔壁床的看護。看護用很急促的聲音說：「先生，先生，你快醒醒，你女兒已經醒過來了……。」

天啊！這位信徒坐起來看到女兒真的醒過來時，幾天來的壓力終於讓他按捺不住哭了出來，邊哭邊牽著她女兒的手，同時也趕緊打電話給他太太說女兒已經醒了。

他的女兒在醒過來後靜心的調養，兩個禮拜後便完全康復出院了。就在要出院的前一天晚上，這位信女忽然跟信徒說：「爸，我在昏迷的時候，有夢到宗天宮媽祖耶，媽祖還告訴我說，她是宗天宮大聖母，還說要帶我回家喔，媽祖就牽著我的手，叫我躺上病床，我躺上去之後就醒過來了。」

這位信徒聽到女兒講出這一段經過時，當下立即決定，明天出院之後全家馬上到高雄梓官城隍廟答謝宗天宮媽祖，因為宗天宮媽祖目前正在城隍廟作客。

當他們全家誠心點香答謝媽祖後，這位信徒的女兒忽然啊的一聲對他說：「啊！爸媽，我忽然想起來了，當我昏迷的時候，我夢到宗天宮大聖母牽著我的手，叫我不要怕要帶我回家時，我看到大聖母也在流眼淚耶……。」

正看得津津有味時，《解夢天書》竟只寫到這邊而已，於是我對宗天宮觀音佛祖說：「佛祖啊，我看得正精采，怎麼就沒了呀？」

佛祖回答我：「哎呀，弟子，這案件是你曾經辦過的，不需要再看了。

《解夢天書》會寫出這個案例，主要是要讓你把整合夢境的技巧與竅門寫出來讓大家學習。除此之外，這個案例還有一個更重要的部分，就是這位信女『遇到外陰』，也有人叫做『外方』或者『男魂』。

但是弟子，不管處理外陰、外方、男魂，還是孤魂，『步驟』才是重點中的重點，你務必要把這個竅門寫下來，因為處理這方面的事你已經被神明調教到非常有經驗了，但大多數的人還是不知道如何處理。不知道如何處理外陰而胡亂處理，恐怕問題不但無法解決，還會讓自己陷於危險的困境。

所以弟子，你要記住：今天這本是道教數千年以來第一本閉關時神明所教的解夢技巧的書，不應該單單只教大家如何解夢而已，還要教大家如何解決外陰的問題。你再深入的想一想，其實這也是在學習解夢的技巧不是嗎？」

「怎麼說呢？」我不解的問宗天宮觀音佛祖。

佛祖開示我：「你仔細想一想，如果你不會解夢，就不知道夢中的意義，不知道夢中的意義，就不知道神明在教你什麼，不知道神明在教你什麼，當然就學不到如何處理外陰的方法了呀。我再講得具體一點，神明在教功夫只會在夢中教，所以只要你學會了解夢，那你不就一定可以提升百分之八十的問事功力了嗎？」

「喔喔，真的耶，沒錯，我現在不就正在『閉關做夢』嗎？如果閉關時神明在夢中教我的這些竅門，我都不知道怎麼應用來解夢的話，那不是白白閉關了嗎？嗯，沒錯，有道理。」

外陰的處理及竅門

「好了，現在我要幫你歸納這位信徒的幾個夢境重點，弟子你要一一記錄下來，以後傳給後世你的學生。」佛祖嚴肅地交代，然後說：「之前，這位信徒夢到他女兒昏迷不醒的原因，例如房間燈暗、喪事隊伍等等的這些夢，宗天宮大聖母已經有教你解過了。所以，我現在要從這位信徒拿到宗天宮玉敕的護身符，回去給他女兒戴在身上之後所做的夢開始講解。」

步驟一：請神明派護身符

「弟子，只要有信徒經神明查明，並以三個聖筊指示確實是遇到外陰，或孤魂、男魂等。首先，一定要再祈求神明派一張護身符（符令）讓當事人戴在身上，神明所派的這張護身符的三個功用前面已經講過了。所以，這個步驟是一定要先做的。

弟子，一定要記住，祈求神明派護身符除了那三個功用以外，其實背後的用意就是：『請神明出馬去跟外陰協調、談判，這是最安全的做法』。這些外陰是兇、是惡、還是和善，只有神明知道，也只有神明看得見，一般『人』是不知道也看不見。所以，為了避免讓自身陷入危險狀況，一定要請神明出面與外陰協調談判。

這位信徒不就夢到十六個人在病房，這些人有男有女，分成兩派在談判了嗎？這個夢境的意思，就是在講宗天宮的紫微大帝與大聖母已經出面，在與對方外陰正式展開談判與協調，這個夢境就是在講這個意思。」

步驟二：要請示神明協調與談判的期限

「神明如果已經給三個聖筊答應派護身符給當事人，那就表示神明已經答應要出面跟對方外陰談判，這個時候就要接著問出要談多久的時間，建議一般最少從二個禮拜開始問；也就是請示神明是不是需要與外陰談二個禮拜的時間？三個禮拜？一個月？一個半月等等，看到哪一段時間有三個聖筊，就表示神明需要這些時間去談，夢境中不是有講到『二個禮拜的時間』嗎？這個就是談判期限的意思。

所以，以這個案件為例，如果請示神明期限二個禮拜的時間有三個聖筊的話，那就代表這個案件神明需要跟外陰談判與協調二個禮拜的時間。所以，弟子，你要教導你的學生這個觀念；有些案件要給神明足夠的時間處理，是急不得的。」

步驟三：要在神明約定的時間內回診

「假設神明指示需要跟外陰談判二個禮拜的時間，那麼在二個禮拜後，當事人一定還要再回去該廟回診，這個步驟非常重要，一定要跟當事人講清楚。

還記得前面這位信徒的夢境嗎？這位信徒不是夢見宗天宮紫微大帝及大聖母給那位黑衣男二個禮拜的時間交還信女的元神嗎？這二個禮拜就是要當事人回診的時間，夢境就是這個意思。再說具體一點，既然神明敢指示二個禮拜的期限，就表示這二個禮拜內當事人會醒來。

這位信徒在夢中不是有夢到宗天宮大聖母牽著信女的元神說：『不怕，不怕，來，我帶你回家。』接著大聖母對著信女的元神喊了一聲『敕』，這位信女就醒過來了。這就表示神明在二個禮拜內如果談判順利的話，當事人就會像這樣醒過來，這樣你可以了解了嗎？記住，這非常重要，一定要完整記下來。」

「好，佛祖，我記下來了。如果真的沒有佛祖講解這個夢境片段的重點（給二個禮拜的時間），我相信一般人還真的不知道這二個禮拜就是神明在指示當事人要回診的時間，謝謝佛祖的開示，我一定會把這個重點傳給我的學生。」我以感謝的心回答宗天宮觀音佛祖。

佛祖接著說：「弟子，你要成為頂尖的神職人員，還必須了解這個步驟的兩個重要竅門，而這兩個竅門你將來一定要告訴你的學生，讓他們務必記起來，因為這兩個竅門如果忽略掉，也會影響前面兩個步驟，導致前功盡棄，甚至讓事情更加惡化，嚴重性將無法預測。」

▼竅門一

「神明如果已經答應派護身符給當事人，並且指示二個禮拜的時間要回診，就表示神明需要二個禮拜的時間與外陰談判跟協調。如果神明談判成功，當事人在這二個禮拜內的身體或精神狀況就會慢慢改善。具體的說，也就是當事人在這二個禮拜內若恢復正常，就是代表神明與外陰的談判與協調成功了。

既然神明的談判與協調成功了，那麼回診就是要請示神明後續該怎麼做。因為神明在與外陰談判的期間，雙方也許會『承諾一些事』。回診的意義，就是要把這些承諾的事給問出來，這就是一般人講的『謝外方』的意思。

相對的，如果當事人在二個禮拜內有好轉，而當事人卻忽略了當初的承諾，或者把這個承諾完全拋在腦後。弟子，你想一想，接下來的嚴重性是不是將無法預測？那是不是等於連前面兩個步驟也都前功盡棄、白費功夫了？弟子，這個竅門實在是茲事體大，我才會一而再、再而三的交代你務必要記起來。」

▼竅門二

這時我好奇的問宗天宮觀音佛祖：「佛祖，當然大家都希望當事人在神明指示的期限內能好轉。但如果在期限內當事人仍然沒有好轉，或者是情況更加嚴重，那還要不要回診呢？」

「問得好。」佛祖回答。

「如果當事人沒有在期限內好轉或更加嚴重，一定也要在指示的時間內回診，因為回診就是要問出為什麼『沒有好轉的原因』，而當中的原因，當然還包含是不是有隱情、重大冤情等等。這些都是需要經驗才能夠問得出來，無法用一本書就可以講清楚。

弟子，將來等到宗天宮興建落成，興辦推廣教育開班授課的時候，你一定要開班傳授如何問出這些隱情，以及這些重大冤情等等。否則，你的學生只學到竅門一，而沒有學到竅門二的話，一旦將來有信徒沒有在期限內好轉，那麼你的學生肯定沒有能力問出這些隱情，以及這些重大冤情來，相對的，這些沒有在期限內好轉的信徒，不就等於要束手待斃了。

所以，弟子，你要記住，一定要讓這門高深的學問再流傳給後世以用來濟世救人，而不是想要留一手，這才是宗教的精神，也是宗天宮存在的核心價值。」

當我聽到宗天宮觀音佛祖這樣交代我時，其實我的內心是非常感動的，因為我真的感受到佛祖的慈悲，更能感受到佛祖的擔憂，擔憂那些沒有在期限內好轉的信徒，如果沒有人幫他們問出隱情、冤情的話，那這些信徒該何去何從？

宗天宮觀音佛祖，你放心，我一定會遵照你的交代，把這門學問流傳下去，讓大家都可以學到自己保護自己的方法。

不要怕，宗天宮媽祖帶你回家

信徒女兒騎車上班途中出車禍而昏迷不醒。四處尋醫、求神拜佛都無效。

看護指引至「宗天宮」尋求幫助。

當晚入夢：
1.到女兒房間叫女兒吃飯，發現房間昏暗。之後女兒不小心撞到頭，昏迷。
2.送醫途中遇送葬隊伍塞車阻路。又遇一著黑色喪服男人，言明是他搞的鬼。
3.信徒不放棄，終於在宗天宮獲大聖母解救。
4.大聖母媽祖召集會議，並且播放影片，影片內容是信徒「夢到的夢境」。

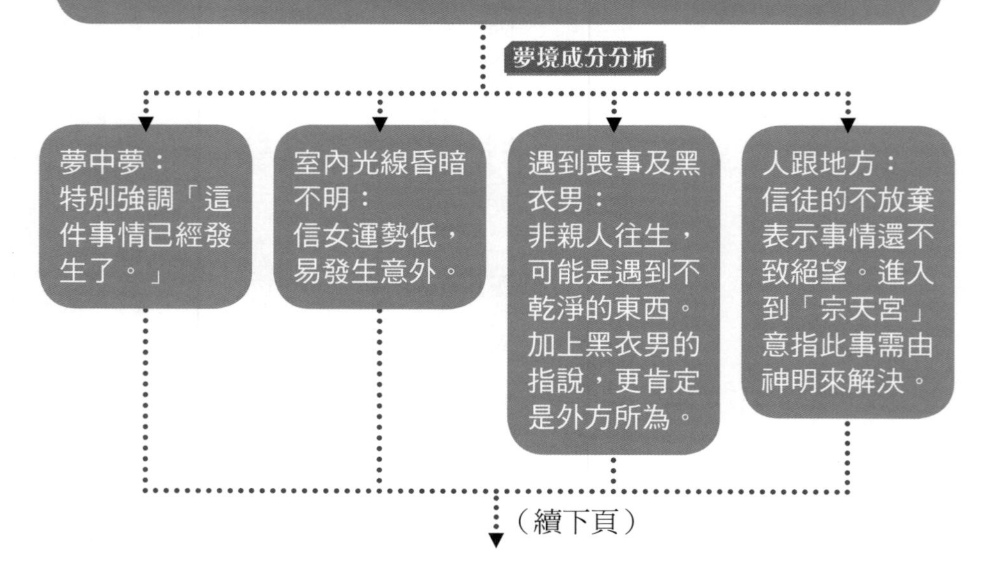

（續下頁）

（承上頁）

綜合分析：
1.房間昏暗表示運勢低迷，果然發生車禍而昏迷。
2.經貴人指點至宗天宮求助，因夢而明白事件發生的原因，而且事情雖然危急，但仍有挽救的機會。
3.神明以夢中夢的型態讓信徒知道所有事件的來龍去脈。
4.神明既然有能力查出根本原因，那就要有辦法來幫信徒處理。

大聖母賜下符令，並與信徒約定二星期的時間。

符令的功用

- 會有神明帶領著兵將到醫院保護信徒的女兒，讓她的身體狀況不再受外方干擾。
- 神明即將約談外方，明白事情原因，並提出解決方案。
- 神明與信徒約定二週的時間，言明二週內信徒的女兒即會醒來。之後必須再回宮裡請示神明，需作何處理

信徒為女兒戴上符令，之後馬上又做了夢。

第二次夢境：
1.女兒病房內有十六人，是宗天宮神明與外陰分成兩派在談判。
2.原來女兒是被一男魂捉弄，以致昏迷不醒。
3.神明將女兒元神歸位。

信徒的女兒醒來。

南、北斗星君交叉整合分析的獨特法門——第五、六天閉關

第五天跟第六天的閉關內容，神明所教的都是同一個內容。所以，我在這裡就把我這兩天閉關的夢境內容一次寫出來。

從第五天開始，我一躺下去後，馬上就夢到……

這次一樣是由宗天宮觀音佛祖在教我夢境的整合技巧，只是這次佛祖旁邊卻多出兩位穿道袍的長輩，一位穿黑色道袍，一位穿紅色道袍。這兩位長輩看起來年約六、七十歲，一臉的慈祥，可以說是慈眉善目，且又法相莊嚴。

我好奇地開口問宗天宮觀音佛祖：「佛祖，旁邊這兩位老伯是？」

佛祖對我說：「來，弟子，過來參拜一下。這兩位是將來宗天宮凌霄寶殿的南斗星君、北斗星君。你還記得嗎？當年高雄梓官城隍爺為了一位委員的身體狀況，曾經帶你去求過南斗星君與北斗星君，最後兩位星君不是有教你『七星延元陣』，以及教你在『為全國祖先及母親萬人祈福延壽大法會』中所使用的『七星八卦陣』，這些你應該都還記得吧？這都是兩位星君所教，而且玉帝也已經正式賜旨這兩位星君，未來要擔任宗天宮凌霄寶殿的鎮殿南斗星君與北斗

星君了，雖然還未正式開光，但二位星君的本神已經到了。來，弟子，過來參拜以及感謝兩位星君的慈悲。」

我跪在地上五體投地的頂禮膜拜之後，再走近一點點看了一下這兩位星君，然後拍手很開心地說：「哇賽！沒錯，沒錯，還真的是上次的南、北斗星君耶，哈哈……。」

這個時候，宗天宮南斗星君對我說：「弟子，你要記住，這次四十九天的閉關，我們宗天宮神明會教你很多東西，所教的內容對你以後不管是問事、處理案件，還是開班授課，都有相當大的幫助，尤其是『解夢技巧』，這個部分可以說是這次閉關的一個主軸。雖然閉關教你解夢的這個部分只有短短的七天，但這七天裡每一天的夢境內容都是非常重要的。

只要弟子你用心去參透、參悟，然後請示過神明無誤後記錄下來，這本解夢書就會幫助將來有心向你學習問事的學生以及神職人員，做為提升他們問事能力的問事經典。有一個問事經典的依據，大家就比較有學習目標，更重要的是，這個目標會有利於後代宗教的發展進步。所以，弟子，閉關雖苦，但為了傳承下一代，再苦都是值得的，再苦你也要忍耐下去。」

聽完宗天宮南斗星君這一番對我勉勵的話後，我的眼淚已經在眼眶中打轉了，同時內心也在告訴自己，我不會辜負宗天宮神明，以及全國宗天宮的信徒對我的期待，再怎麼苦，也要把宗天宮興建完成，完成上天賦予的責任與使命。

這時，北斗星君說話了，「好了，弟子，我們把握時間，現在我們要教你的是『我的女兒是尼姑命』這個案例，這是你曾經處理過的，因為這件案例非常有教學意義，所以宗天宮觀音佛祖特別請我們來，從這個案件中，不只要教你夢境整合，還要教你如何把籤詩跟夢境交叉整合，這兩大重點。

王弟子，我跟你說，要學這兩大重點可以說是非常不容易，這是很殊勝的法門，如果你可以把這兩大重點學起來，以後你在問事的精準度就可以發揮得淋漓盡致、無懈可擊，而且將來開班授課的時候，更是一門全國獨一無二的法門課程，好好的學吧！」

這時，南斗星君又拿出那本《解夢天書》給我，叫我翻到七十八頁，當我要翻到七十八頁前，我問南斗星君：「我需要戴那副液晶顯影眼鏡嗎？」

南斗星君轉頭看了一下佛祖，笑了一下，然後回頭過來用手指頭在我的額頭上點了一下說：「好了，你可以開始看了。」

我翻到七十八頁一看，哇賽，還真的不用戴那副液晶顯影眼鏡就可以看得到字耶。這時候，我看到《解夢天書》第七十八頁上寫著一個大大的標題：『我的女兒是尼姑命？』於是開始往下看，內容寫著：

案例二 我的女兒是尼姑命？

一位年約七十幾歲的媽媽一直很擔心她的女兒，因為不知道怎麼搞的，女兒就是不想結婚，父母親一直拜託親戚朋友幫忙介紹對象，但是她的女兒偏偏就是不想去認識、接觸，更誇張的是，有一次雙方已經約好相親的時間跟地點，所有的人都到了，唯獨只有她女兒遲遲不出現。這位媽媽只好趕緊打電話給她女兒，問她人到底在哪裡，要她趕緊過來。可是，讓大家想不到的是，她女兒卻回答：「我不想相親，所以我不過去了，你自己陪大家吃飯吧！」

就是因為她女兒的態度這麼消極，再加上年紀已經快接近四十歲，已經老大不小了，所以這位媽媽就開始到處求神問卜，目的就是要祈求神明大發慈悲，幫她女兒牽一個好姻緣。

然而，到處求神問卜所得到的結果，卻是讓這位媽媽如受晴天霹靂，無法接受。為什麼呢？因為這位媽媽一連問了三間廟，三間廟都一致對她說：「你女兒這輩子是尼姑命，已經沒有姻緣了，死心吧！」這位媽媽自從那天起，終日以淚洗面，鬱鬱寡歡，始終難以接受這個事實。

這位媽媽的弟弟知道她姊姊為了她女兒的事，終日以淚洗面，於是就想替他姊姊掛號，看能不能順利掛到王崇禮老師，看看王老師還有沒有解決的方法，讓他姊姊不要每天再處於悲傷之中。就在要掛號的前一天早上，這對姊弟特別到「臺灣首廟天壇天公廟」點香祈求玉皇上帝幫忙，保佑能讓他們在明天順利掛上號。

就在當天早上公佈有掛上號的名單時，這位弟弟果然真的在名單上看到他姊姊的名字，心中不禁大喊：「感謝上天的保佑！」

於是，這對姊弟就依照問事日期前往梓官城隍廟，在王老師的協助下，神明出了三張籤詩，而籤詩的配對是：「信女的心結」。

第一支戊子籤（劉文良別妻）

總是前途莫心勞，求神問聖枉是多

但看雞犬日過後，不須作福事如何

第二支甲戌籤（孟姜女哭倒萬里長城）

風雲致雨落洋洋，天災時氣必有傷

命內此事難和合，更逢一足出外鄉

第三支癸卯籤（楊戩得病在西軒）

病中若得苦心勞，到底完全總未遭
去後不須回頭看，心中事務盡消磨

這位媽媽不看籤詩還好，一看到這三支籤詩，本來的心情就已經很悲傷，這下子又更加的沉重了，因為她看到「孟姜女哭倒萬里長城」時，邊擦眼淚邊對她弟弟說：「完了，結果還是一樣，妹妹真的是尼姑命了。」

這個時候，弟弟就對姊姊說：「你先不要擔心嘛，先聽看看王老師怎麼說，或許事情不是你想的那樣啊。」

王老師看到這位媽媽這麼擔心，就對她說：「蔡媽媽，對，你先不要擔心，解籤不是光看一支籤詩就可以斷定全部的。

解籤要解得準，是需要具備文學的造詣、對歷史知識的了解、人物性格的判斷、人物命運的走向、時間點的循環變化，以及整合能力。

所以，不可能單單一個『孟姜女哭倒萬里長城』就可以斷定你女兒是尼姑命。好吧，就算真的是尼姑命，那也要問出為什麼會是尼姑命，是先天命格？是前世因果？是自己有許下大願？還是與佛門有緣？問出原因，才能對你有一個交代，否則最後留下的仍然是一個謎團，這不是問神應該有的一個態度。」

蔡媽媽聽完解釋後頻頻點頭，心情也稍微釋懷了一些，雖然還是滿臉憂愁的樣子。

「蔡媽媽，你女兒以前曾經交往過男朋友嗎？」王老師問。

「有，我印象中只有一次，我還看過那位男生。差不多是在十五年前，可是不知道什麼原因，最後兩人沒有在一起，我也不太敢問。』蔡媽媽回答。

王老師就說：「那好，在我解這三支籤之前，我有幾個問題想要釐清一下：

第一，你曾經去問過三間廟，所得到的答案都一致說你女兒是尼姑命。那麼重點來了，這三間廟的答案怎麼都這麼巧，巧到連答案都一模一樣。可見得這一個答案（你女兒是尼姑命），是很具有參考價值的，我們不能忽略掉這個『巧合』。但是你別誤會喔，我的意思不是說你的女兒就一定是尼姑命喔。

第二，我從這三支籤詩看起來，如果要講你女兒姻緣的話，說真的，確實機會比較少，而我為什麼會說機會比較少的根據，也確實是因為這支『孟姜女哭倒萬里長城』這個典故。不過我還是那一句話，這只是初步判斷而已。

第三，宗天宮媽祖及梓官城隍爺出這三支籤詩，明明白白的指示，配對是在『信女的心結』，所謂『配對』，指的是神明在告訴我們，這個問題要從哪一個角度去看，才能找到真正的問題點。現在，我們來推論一下，你女兒現在的姻緣比較少的原因，有可能是出在『心結』，因為我剛剛請神明出籤詩時，也有問其他的配對，但全部都沒有聖筊，偏偏只有配對『心結』有三個聖筊。但『心結』要怎麼跟『尼姑命』做聯結呢？

第四，既然是心結，如果可以的話，那我建議當事人，也就是你女兒最好可以親自來一趟，因為既已成心病，還需心藥醫治，而神明的金玉良言就是最好的心藥。所以，當事人沒有來，我們在這邊講任何的事，都只會變成純屬『猜測』，無法去證實。

以上這四點是我還沒有正式解籤詩之前的疑慮與建議。現在，我就針對這三支籤詩先做初步的解籤，而且我還會把前三點的『疑慮』一起整合在這三支籤詩裡面。我們先看籤詩的歷史典故，至於籤詩文字的解釋，可以參考《神明所教的解籤訣竅》。」

戊子籤的初步解籤

第一支戊子籤（劉文良別妻）
總是前途莫心勞，求神問聖枉是多 但看雞犬日過後，不須作福事如何

「這支籤的重點在於劉文良別妻，劉文良是要去從軍報國，所以必須要跟他的妻子離別。那麼，我們要思考的角度是：這個劉文良講的是你的女兒？還是這個妻講的是你女兒？

假設一，如果劉文良講的是你女兒，就是你女兒要別妻，也就是你女兒要跟某人離別？但是，是跟父母離別？還是跟家人離別？為何在十月、十一月離別？跟尼姑命有什麼關係呢？

假設二，如果這個『妻』講的是你女兒，那麼這個劉文良講的又是誰？是這個『誰』要跟你女兒離別？為何在十月、十一月離別？那跟尼姑命又有什麼關係呢？」

甲戌籤的初步解籤

第二支甲戌籤（孟姜女哭倒萬里長城）
風雲致雨落洋洋，天災時氣必有傷
命內此事難和合，更逢一足出外鄉

「這支籤的重點在於孟姜女哭倒萬里長城，孟姜女的丈夫是萬杞良，他在新婚之夜

被秦始皇徵調去修建萬里長城，但一去就沒有訊息了。而孟姜女因思夫心切，所以千里迢迢去尋找丈夫，只是最後沒有找到萬杞良，卻得到他已經去世的消息，使得孟姜女傷心欲絕。

因此，我們要思考的角度是：這個孟姜女講的是你的女兒？還是萬杞良講的是你女兒？我覺得不太可能是萬杞良，因為萬杞良已經去世了。所以，孟姜女講的應該是你女兒。不過沒關係，不管講的是誰，我都先做假設。

假設三，如果你女兒是孟姜女，那你的女兒是不是有曾經去尋找過誰而沒找到，最後傷心欲絕？那跟尼姑命又有什麼關係呢？

假設四，如果你女兒是萬杞良，那是不是有誰曾經來尋找你女兒而沒尋到，最後傷心欲絕？那跟尼姑命又有什麼關係呢？」

癸卯籤的初步解籤

第三支癸卯籤（楊戩得病在西軒）

病中若得苦心勞，到底完全總未遭

去後不須回頭看，心中事務盡消磨

「這支籤的重點在於楊戟得病在西軒，顧名思義就是生病了，再加上神明的配對『心結』，很簡單，就是代表你女兒生病了，而且是心病。

因此，我們要思考的角度是：

假設五，就是因為假設一、二、三、四的因素，才會使你女兒生了心病？但是哪一個假設才對呢？那跟尼姑命又有什麼關係呢？」

為了要讓蔡媽媽更清楚，王老師再做進一步的解釋：「我把剛剛的三支籤詩配合神明指示的『心結』配對，再加上你之前問過的三間廟都說你女兒是尼姑命的這個說法，一起解出五個初步的解籤假設，而這五個假設中的一組『假設組合』，說穿了，很有可能就是你女兒的『心結所在』，而這個心結也就是導致你女兒不想結婚、不想相親，甚至之前說你女兒是尼姑命的主要原因。不過，要確定到底是哪一個假設組合才是正確，還是要問當事人才能證實。」

初步五種假設歸納

(1) 假設一，如果劉文良講的是你女兒，那就是你的女兒要別妻，也就是你女兒要跟某人離別？是跟父母親離別？還是跟家人離別？十月、十一月離別？那跟尼姑命有什麼關係呢？

(2)假設二，如果這個「妻」講的是你女兒，那麼這個劉文良講的又是誰？是這個「誰」要跟你女兒離別？十月、十一月離別？那跟尼姑命又有什麼關係呢？

(3)假設三，如果你女兒是孟姜女，那你的女兒是不是有曾經去尋找過誰而沒找到，最後傷心欲絕？那跟尼姑命又有什麼關係呢？

(4)假設四，如果你女兒是萬杞良，那是不是有誰曾經來尋找你女兒而沒尋到，最後傷心欲絕？那跟尼姑命又有什麼關係呢？

(5)假設五，就是因為假設一、二、三、四的因素，才會使你女兒生了心病？但是哪一個假設才對呢？那跟尼姑命又有什麼關係呢？

蔡媽媽的弟弟聽完王老師這五個初步的假設解籤組合之後，說：「天啊，王老師，嚇死人了，我真的大開眼界了，要不是親眼看到，我還真想不到竟然有人可以把這三支籤詩解成這個樣子，這簡直是出神入化了。」

「謝謝你，這些都是宗天宮媽祖教我的，沒有神明教，沒有神明幫我開智慧，我也很難能夠參悟到這種境界，而這些技巧、竅門、法門，全都是將來宗天宮興建完成後，要開班授課的內容。但我還是那一句話，要找到真正原因，最好當事人能夠親自來一趟，這樣才比較能夠確定知道，你女兒的根本問題是在這五個假設中的哪一組合。」

依照假設做出初步結論

王老師接著對蔡媽媽說：「你先不要擔心，我從這三支籤詩看得出來，要說你女兒是尼姑命其實很勉強，但偏偏三間廟都說是尼姑命的這個巧合，我們也不能忽略。不過不管怎樣，以宗天宮媽祖及城隍爺出的這三支籤詩的歷史典故做出的五種初步假設來看，我今天至少可以回答你，你女兒在過去極有可能發生過什麼事而產生心病，而這個心病就導致她不想相親、不想結婚、甚至是之前說的尼姑命。

說得明白一點，也就是你女兒之前發生過的事，這個是『因』；不想相親、不想結婚、甚至尼姑命之說，這個是『果』，而心病就存在於『因』跟『果』之間，稱之為『芥蒂』。順序排列就是：『因』、『芥蒂』、『果』。

芥蒂就是『梗塞物』，只要把心中這個梗塞物拔掉，阻礙物沒了，那一切就會暢通無阻。換句話說，只要找到這個心病，再化解這個心病，事情或許就有轉圜的機會。

你要記住：因為神明在處理心病時，不會對當事人有醫療的指導，只有生命的愛護；並讓當事人知道，不管遇到任何的困境，總會有一條路可走。

這樣子好了，為了讓你能更了解籤詩的含意，我求宗天宮媽祖看能不能再給你托夢，這樣也許你會更加知道你女兒的心病所在。」

這位媽媽毫不考慮地說：「好。」

也許這一切神明都看在眼裡，也體恤天下父母心，神明立刻以三個聖筊答應一個禮拜內要給這位媽媽托夢。

就在這位媽媽從城隍廟回去的第四天，果然做了一個夢，夢境如下：

第一片段

這位媽媽夢到女兒在房間裡整理一些行李，大包小包的，還有一些首飾。

這時候，這位媽媽很好奇的問女兒：「你是要去哪裡嗎？不然你整理這些行李是要幹嘛呢？」

她女兒就回答說：「媽，我準備要結婚了，所以我先把行李整理一下，就等男方來迎娶。」

「結婚？我怎麼不知道你要結婚？」媽媽問。

「有啦，我男朋友去美國念書，畢業回臺後我們就要結婚了。」

第二片段

然後，她們母女來到一間婚紗店要試穿婚紗，櫃子上擺了十幾套的婚紗，不知道該穿哪一件的時候，女兒就問媽媽：「媽，我很難做決定，你幫我挑一件好了。」

但是，這位媽媽實在有苦難言，有些話想說又不敢說，最後只對她女兒說：「你要想清楚喔，這裡的婚紗你可能穿不到，我看你還是不要浪費時間了。」

但她女兒還是堅持要穿婚紗，這位媽媽無奈之下，只好從這十幾套的婚紗裡面挑一套出來拿給她女兒：「那就這一套吧。」

她女兒穿上這套婚紗，然後再照照鏡子，感覺很滿意的對她媽媽說：「媽，這套婚紗很美，很好看，我就決定穿這一套了。」

這時候，婚紗店的老闆看到她女兒身上穿的這套婚紗時，嚇了一大跳，就對她女兒說：「小姐，真對不起，這套婚紗已經有人訂走了，你不相信的話，你看婚紗上面還有繡別人的名字。」

她女兒一看，還真有繡上別的女生的名字。於是，她女兒在無奈之下就把這套婚紗再次脫下來還給店家。這時候，她女兒哭得很傷心，這位媽媽只好牽著她女兒慢慢的走回家，而她女兒是邊走邊哭，一路哭著回家。

第三片段

她們母女回到家後，她女兒就跑回房間一直哭，這位媽媽也陪著她哭，然後抱著她安慰說：「乖，我們不哭了，沒穿到婚紗也沒關係，不哭，不哭了喔。」

她女兒這時說：「媽，我想去找他。」

「去哪？」

「去美國。」她女兒說。

「去美國做什麼？」媽媽問。

「結婚。」她女兒回答。

最後，這位媽媽只好送她女兒去機場搭機，就在她女兒要走進海關的時候，她忽然看到她女兒穿的鞋子破了，走路也一跛一跛的。

她就對女兒說：「妹妹乖，婚紗已經有繡上別人的名字了，所以這條路不好走。

你如果去那邊不開心的話，就趕緊回來，千萬要記住媽媽的這一句話：『身體髮膚，受之父母。』」

講完之後，這位媽媽邊擦眼淚，邊看她女兒一跛一跛地消失在她的眼前。

第四片段

這位媽媽早上起床時看到她女兒，就問：「你回來了啊？」

她女兒沒說話，只拿給她一本護照，這本護照還被剪刀剪破，她一看護照上的照片，是一位男生，這位媽媽直覺這男生就是她女兒去找的那位。

她女兒回到房間後，就把房門鎖起來，再也不打開，很奇怪的是，她女兒的房門是一個心型做的房門。

第五片段

後來，很玄的是，宗天宮媽祖以及梓官城隍爺所賜的三支籤詩，忽然變成一把鑰匙，這位媽媽就用這把鑰匙打開她女兒的房門，然後牽著著女兒到一間媽祖廟，這間廟叫做「宗天宮」，而宗天宮旁邊有一片海，於是她就帶著女兒到海邊看海。

這個時候，從宗天宮裡面走出一位年約五十歲的婦人，這位媽媽稱這位婦人為「觀音佛祖」。

宗天宮觀音佛祖就牽著她女兒走到海邊的沙灘上，手在沙灘上寫一個「門」字，然後問她女兒：「你知道這是什麼字嗎？」

她女兒回答：「知道，是門字。」

佛祖接著說：「信女，你現在的內心就像一道門，門裡面有一條橫木擋住，怎麼打都打不開，這正是所謂『緊閉心門，萬物不進』。所以，現在任何的事物都走不進去你的內心，入不了你的眼。你再繼續看海那邊，有一條浪要衝上來了。信女，這時你看到了什麼？」佛祖最後問道。

她女兒回答佛祖：「海水把門字裡面的那一橫沖走了，變成門了。」

宗天宮觀音佛祖則說：「是的，因為那一橫已經被海水沖走了，所以變成沒有門的門了。

信女，佛祖知道你內心很苦，所以才會緊閉心門。聽佛祖的勸，乖，過去的悲傷就讓它隨著這波浪沖入大海之中。從今天開始，你要拿掉門裡面的那一條橫木，敞開心門，心門一敞開，你就可以開始迎接不一樣的人生，好嗎？」

這時候，她女兒的內心完全崩潰了，佛祖話一講完，她女兒雙腿立刻跪在佛祖的面前放聲大哭起來：「啊，佛祖啊，我的內心很苦啊……。」

佛祖牽起她女兒，用很慈悲的聲音告訴她：「好孩子，我知道你內心苦，哭出來就好，哭出來就不苦了，從此不再苦了……。」

這位媽媽醒過來之後，把夢境記錄了下來，並且跟她弟弟在當週的禮拜六，就前來梓官城隍廟找王老師，當時王老師只幫她問一個重點，那就是：老信女的這個夢境是不是在講有關於她女兒的心病的由來？如果是的話，請宗天宮媽祖及城隍爺給三個聖筊？果然，神明馬上給三個聖筊。

看到這種情況，王老師就跟這位媽媽講：「你上次來抽的三支籤詩，加上神明給你托夢講的是你女兒心病的由來，其實答案已經快要水落石出了，而且我可以跟你說，以這個夢來看，你女兒的姻緣已經不遠了。所以，我建議你，可以的話找個時間帶你女兒來一趟，神明有辦法化解她的心結。」

這位媽媽聽到王老師這麼說，心情可以說是整個完全開朗起來。

「好，我改天帶我女兒來。」媽媽開心的回答。

事情終於水落石出，原來……

這位媽媽花了一些時間，終於說服她女兒來到城隍廟，她女兒一走進廟裡面，其實很多人都會被她的氣質所吸引，如果從她的外表做主觀上的判斷，實在是無法跟「沒有姻緣」劃上等號。

這個時候王老師對她女兒說：「今天你來這兒的原因相信你應該知道了，你媽媽為了你的姻緣非常擔心。」

「吼，每次她都嘛這樣，只要……。」她女兒開始對她媽媽抱怨了起來。

「你先不要不高興，今天你媽媽為了你的姻緣，幾乎已經跟你一樣快崩潰了。」王老師對她女兒說。

「跟我一樣快崩潰？怎麼說？」她女兒疑惑的說。

「今天宗天宮媽祖及梓官城隍爺非常心疼你，因為神明知道，你過去曾經真心為了一個『朋友』，但是……。」

這位蔡小姐聽完王老師轉述宗天宮媽祖以及梓官城隍爺的話時，十幾年壓抑的心結終於無法忍耐，一下子就潰堤了。蔡小姐哭到連她媽媽也嚇一跳，因為她從來不知道她女兒原來經歷過這麼一段傷痛欲絕的日子，更不知道她女兒過得這麼痛苦。

原來，這位蔡小姐在十五年前已經有一位認識多年的男朋友，她男朋友大學畢業當完兵就到美國留學，因為男方經濟方面不是很好，所以學費跟一些生活費大部分都是由蔡小姐所資助，甚至還借錢、標會。總之，一心一意就是要幫她男朋友完成學業，這幾年的時間，蔡小姐總共資助了四百多萬給她的男朋友。

然而，六、七年後，男方完成學業時並沒有想要回臺灣，反而選擇留在美國。蔡小姐多次跟男方溝通，但男方還是決定留在美國。於是，蔡小姐親自飛到美國想跟她男朋友做一次長談。

然而，當蔡小姐奔赴到美國時，才發現她男朋友原來已經另結新歡，甚至對方還已經懷孕了。

最後，她男朋友也跟她講得很清楚：「對不起，我想留在美國，而且『她』也已經懷孕了，我知道我對不起你，所以……。」

蔡小姐聽完，就哭著對她男朋友說：「『她』也已經懷孕了？那我呢？我曾經為你拿過兩次孩子耶，你怎麼可以這樣對我？怎麼可以這樣……。」

蔡小姐也說出，她本來在美國很想不開，當她住在飯店時，有一天晚上跑上飯店頂樓，本打算從頂樓跳下去的，可是她一想到她的爸爸、媽媽都還在臺灣等她，所以才沒有跳下去。雖沒做出傻事，可是也從此對這個人死了心，於是一個人孤孤單單的從美國哭回太平洋的另一端。

然而，哀莫大於心死，這個人生重大的打擊，也讓蔡小姐從此把自己封閉起來，從此不再相信愛情。

敞開心門，開始迎接不一樣的人生

女兒邊哭邊把這一段令人肝腸寸斷的過去講出來後，蔡媽媽才知道原來她的女兒經歷過這麼一段不為人知的悲慘過去，

她緊緊握著女兒的手，已經哭到不知道該講些什麼，反而這個時候是她女兒在拍她的肩膀，似乎在安慰她媽媽說：「媽，別擔心，我沒事了。」

既然一個人可以把這麼痛苦的過去一下子就毫無保留的講出來，可以說是已經快要放下了，只是缺少一個助力來幫她。

於是，王老師對她的女兒說：「想要放下，最好的方法就是勇敢面對它，現在看起來你已經做到了。如果你聽得進神明的話，宗天宮媽祖以及梓官城隍爺今天有一些話想要告訴你。」

果然，這一切宗天宮媽祖以及梓官城隍爺都已經安排好了，為什麼呢？因為當王老師說完之後，媽祖以及城隍爺立刻以三個聖筊，明明白白告訴她女兒：

「信女，你所經歷的這些痛苦神明都知道，而這些痛苦也讓你把自己封閉了十五年，一直走不出來。

神明要告訴你，你如果把這個痛苦的經驗看作是一種禮物，那這個禮物會讓你的心境更加堅強，更加茁壯。相對的，如果在十五年後，也就是今天，你才收到這個禮物，情況會完全的不一樣。

過去的事就讓它隨著波浪流入大海之中吧！只要你願意打開心門，你將迎接不一樣的姻緣、不一樣的歸宿、不一樣的家庭，不一樣的子女，不一樣的人生，以及不一樣的命運。」

當她的女兒看到三個聖筊出現，在停頓了幾秒鐘後，竟然擦了擦眼淚，並點點頭說：「好。」

「好」，雖然只有短短地回答一個字，但意義非凡，因為這一個字不就是大家這一陣子最期待、最想聽到的嗎？而且這一個「好」字也代表著這位痛苦長達十五年的女生，從此會過著不一樣的人生，擁有不一樣的命運。

半年後，就像宗天宮媽祖以及梓官城隍爺說的一樣，只要心門打開了，不一樣的人生就會慢慢出現。因為她女兒經親戚介紹，認識了一位適合她的正緣對象，即將在十一月步入禮堂結為連理，更意想不到的是，她女兒肚子裡面已經有一個小baby了。這一切一切的喜訊，都是從一個「好」字開始的，所以這一個「好」字，對神、對人、對這位媽媽、對當事人而言，意義非凡，不是嗎？

《解夢天書》寫到這裡就結束了。

看到這邊時，其實我的心裡是非常有感觸，也非常開心的，因為我當時花了很多時間跟精神在這個案件上，一心只為了要配合神明救回這位蔡小姐，如今看到當事人最後有好的結果，自己的心裡面更加對宗天宮神明的智慧及神威感嘆不已。宗天宮媽祖、梓官城隍爺，我這輩子能夠有這個緣分跟隨你們的腳步濟世救人，何其有幸！

這個時候，宗天宮南斗星君對我說：「弟子，問事或處理案件都一定要花很多的精神跟時間，所以你接著還要做一件事。

為了讓大家以及將來你的學生在這個案件裡面可以學到神明的智慧以及解籤、解夢的精髓，『案件總整理』是一定要做的，主要是為了能夠『溫故而知新』。

這種作法主要是要讓你在每一次的結案後，再一次分析該案件在你處理前想的角度是什麼？而在處理後真正的答案，又跟你在處理前所想的角度有沒有不一樣？如果不一樣，又是哪裡不一樣？

總之，天下沒有不勞而獲的事情，要想成為一位真正頂尖的神職人員與頂尖的問事人員，說穿了，就是要比別人『勤勞』，這一點是非常重要的。」

「好，謝謝南斗星君的交代，弟子一定會記起來。」我回答。

案件總整理

案件：我女兒是尼姑命

現階段情況：曾經三間廟都說是尼姑命，不是條件不好，但就是不想相親、不想結婚。

初步解籤假設與最後事實的對照結果：

「弟子，你還記得這五個當時初步擬的假設嗎？你在處理這件案子的時候，其實我跟北斗星君都有在場。

很好，你可以擬出這五個假設已經很不錯了，現在我們套入真實答案，再做一次解籤，然後相對照前後的兩次解籤，你就可以學到及參透更多的東西。

初步的解籤假設	套入真實答案後的結果
假設一： 如果劉文良講的是你女兒，那就是你女兒要別妻，也就是你女兒要跟誰離別？是跟父母親離別？還是跟家人離別？十月、十一月離別？那跟尼姑命有什麼關係呢？	假設一不成立。
假設二： 如果這個「妻」講的是你女兒，那麼這個劉文良講的又是誰？是這個「誰」要跟你女兒離別？十月、十一月離別？那跟尼姑命又有什麼關係呢？	假設二成立。
假設三： 如果你女兒是孟姜女，那麼你的女兒是不是曾經有去尋找過誰而沒找到，以致最後傷心欲絕？那跟尼姑命又有什麼關係呢？	假設三成立。
假設四： 如果你的女兒是萬杞良，那麼，是不是有誰曾經來尋找過你女兒而沒有尋到，最後傷心欲絕呢？那跟尼姑命又有什麼關係呢？	假設四不成立。
假設五： 就是因為假設一、二、三、四的因素，才會使你女兒生了心病？那到底是哪一個假設才對呢？跟尼姑命又有什麼關係呢？	假設五成立。 因為假設二、三的因素成立，才會使你的女兒生了心病。

結果說明：

經初步解籤與最後事實的對照後，很明顯，假設二、三才是對的，所以最終的解籤結果就是：信女有心結。（配對）

正確的解籤：

因為蔡小姐的男朋友要出國留學，所以蔡小姐提供金錢給她男朋友，一心為的就是要幫助她男朋友完成學業（**劉文良別妻**）。

然而，蔡小姐的男朋友在美國完成學業後，卻沒有打算回臺灣，經多次與男朋友溝通無效後，於是蔡小姐親自飛往美國再與男朋友做一次當面溝通。但是，到美國時卻發現男朋友已經有新的女朋友，女方甚至還懷孕了。所以，男朋友選擇了新的女朋友並決定留在美國。最後，蔡小姐只好留著眼淚，一個人孤單的坐飛機又飛回臺灣（**孟姜女哭倒萬里長城**）。就是因為男朋友在美國對蔡小姐的傷害，讓她哀莫大於心死，而這個傷害開始讓蔡小姐產生心結及心病。所以，回臺灣之後，就一直把自己的內心封閉起來，從此不想認識新對象，不想相親，甚至不想結婚（**楊戟得病在西軒**）。

聽完南斗星君對前、後兩次的解籤說明後，我整個人簡直如獲至寶一樣的開心，因為我深深的感覺到，這次閉關所教我的功夫，跟以往所教的功夫大大的不一樣，真的是遠遠超過人的智慧可以參透出來的，如果沒有神明的教導，真的沒有辦法學得如此深入、如此具體。

南斗星君接著對我說：「弟子，從前後兩次的解籤對照之後，你應該有體會到幾個重要的竅門：

▼竅門一

配對的重要性，因為『配對就是神明要引導你，看你從哪一個角度去找問題、看問題』；角度一旦錯了，會使整個思考路徑也跟著錯。例如，這個案件的配對是信女的心結，那你思考的角度就是不能離開『心結』這個角度。

▼竅門二

初步籤詩前的假設，都只能斷個百分之六十的程度而已，因為在還未找到真實答案前，都不能下定論。以這個案件為例，初步解籤也只能斷到：好像你女兒過去有發生過離別（劉文良別妻）、找不到人的事（孟姜女哭倒萬里長城），而這些事卻造成你女兒內心裡面有一個『心結』（楊戩得病在西軒），才導致她不想相親，不想結婚，甚至是所謂的尼姑命，這樣的程度而已。所以，弟子，前後解籤對照的這種做法，主要是要教你『一旦方向角度找到了，就朝著這個方向角度去找答案，不要偏離方向』。

▼竅門三

籤詩只能到百分之六十的程度，那其餘的百分之三十，就是要靠神明做進一步的指示了。

以這個案件為例，就是靠神明托夢，也就是這位媽媽抽完三支籤詩，回去之後所夢到的夢境，也就是所謂『神明針對這三支籤詩再做進一步的指示』。弟子，我再說明白一點，就是：『初步百分之六十的程度的籤詩，加上百分之三十神明進一步的指示，這樣就可以掌握百分之九十真相是什麼了』。但是，再怎麼接近真相，這些加起來也只能描繪出百分之九十的案件輪廓而已，還沒辦法描繪出百分之百的案件輪廓。

那要如何才能描繪出百分之百的案件輪廓呢？就是要將這百分之九十再加上跟當事人兩相對照，這樣才能夠描繪出百分之百的案件輪廓。」

如何描繪出百分百的案件輪廓

「弟子，以上那三個竅門你要牢牢的記住。現在，接著我要教你如何才能夠描繪出百分百的案件輪廓。

百分之六十（**初步解籤**）＋百分之三十神明進一步的指示（**托夢**）＋百分之十（**也就是這位媽媽的女兒實際情況**）＝**百分百的案件的準確輪廓**

弟子，這個部分很重要，以後宗天宮要開班授課時，也要記得教這個部分。

現在，我把這位媽媽第一次抽到的三支籤詩，再跟她回去之後所夢到的夢境，兩者加以整合，最後融入當事人的敘述，就可以掌握百分之百的真相了。這個技巧是要成為頂尖神職人員以及問事人員必學的課程。

「劉文良別妻」＋夢境第一片段：跟她媽媽說，她整理行李等待男朋友畢業回臺結婚。

弟子，初步你只能根據這支籤詩的歷史典故，解出誰跟她女兒離別，就這樣而已，對吧？但是現在可以藉由神明托夢的夢境，再加上當事人的敘述，就可以更具體知道，原來是她女兒的前男友要跟她離別。

所以，弟子，從第一次的籤詩解，加上第二次這位媽媽的夢境，最後再由她女兒的敘述，你就可以了解到，問事如果沒有很嚴謹的追根究柢，沒有用邏輯的推論、假設，以及整合思考的話，是不可能達到百分百準確度的。弟子，你一定要記住這一點。

「孟姜女哭倒萬里長城」＋夢境第二片段：媽媽對女兒說這些婚紗你穿不到、婚紗已經繡上別人的名字、最後脫下婚紗。

弟子，同樣地，初步你只能解出她女兒有可能去找誰而找不到，最後傷心欲絕，就只能到這種程度而已。然而，在第二次你可以再加上神明夢境，以及加上當事人的敘述，你不就可以更具體知道，原因就是她女兒的男朋友要跟她離別，所以要去美國找她的男朋友。但為什麼男朋友要跟她女兒離別呢？因為她男朋友要跟新女朋友在一起，再加上新女朋友懷孕，所以決定要留在美國不回臺灣，這也就是夢境成分中有一段『婚紗你穿不到、婚紗已經繡上別人的名字、最後脫下婚紗』的含意。

「孟姜女哭倒萬里長城」＋夢境第三片段：她女兒要去美國結婚、穿破鞋、走路一跛一跛、這位媽媽對她女兒說：身體髮膚受之父母。

初步一樣你也只能知道可能有發生什麼事、去尋找誰而沒找到，但在第二次，你可以把初步的解釋再加上神明夢境，以及加上當事人的敘述，你就可以更深入、更精準的解釋她女兒所走的這條路的『痛苦程度』，因為夢境成分中不是有一段『她女兒要去美國結婚、穿破鞋、走路一跛一跛、這位媽媽對她女兒說：身體髮膚受之父母』嗎？那就是神明在更具體的告訴這位媽媽，她女兒去美國這一段路會很痛苦，痛苦到有自殺的含意。

弟子，前幾天閉關已經有教過你了，只要夢境成分有夢到穿破鞋、凍甲、腳受傷等等，都是意謂著未來要走的這一條路不好走，很坎坷。

「楊戟得病在西軒」＋夢境第四片段：護照剪破、護照照片上的人是女兒的男朋友、一直把自己鎖在房間內、房門是心型做的。

初步只能知道她女兒有心結而已，同樣的，現在藉由神明托夢的夢境，再加上當事人敘述，就可以百分百的知道她女兒的心結，就是因為她男朋友變心這件事傷害了她，再加上夢境成分中不是有一段她女兒把『護照剪破、護照照片上的人是女兒的男朋友，然後一直把自己鎖在房間內，而房門是心型做』的嗎？弟子，只要夢境成分有夢到證件，如身分證、駕照、護照，就在表示跟誰的『身分關係』。具體來說，把這個『身分關係』剪破或剪成兩半，就表示關係不在了。接著又把自己鎖在心型做的門的房間內，就表示自己緊閉心門。

「夢境的結局往往暗示著事情未來發展」＋夢境第五片段：宗天宮觀音佛祖在沙灘上寫「閂」字、浪衝上來把「閂」變成「門」、打開心門，迎接不同的人生、從此不再苦了。

弟子，宗天宮神明時常教導你，如果有能力幫信徒找到問題，就要有能力幫信徒解決問題。這個夢境就是宗天宮觀音佛祖在教你這個案件的未來發展性，不要忘記前面在講夢境成分分析時就有講過，夢境的結局通常暗示著事情未來的發展。因此，以這個夢境的最後結局來看，蔡信女的心門後面的那根橫木是可以拿掉的，內心的心病是可以療癒的。

弟子，你要記住，這個夢境就是佛祖在教你，也是在暗示你：『神明在處理心病時，不會對當事人有醫療的指導，只有生命的愛護；並讓當事人知道，不管遇到任何的困境，總會有一條路可走』。

所以，神明已經安排好了，如果當事人可以來神明面前，接下來一切就會水到渠成。神明的這種安排與處事方針，你一定要熟記於心。

最後，弟子，我再教你一個訣竅，這位蔡信女肚子裡面的孩子的命格是雙重父母命格，有雙重父母命格的孩子，最好給神明當誼子才會比較好帶，也就是俗稱的給神明當契子。但是，絕大多數的人都不知道自己的孩子有沒有這種命格，以及要怎麼處理。

所以，藉由這次的閉關教你這些，以後如果有信徒需要的話，你就可以協助他們了。」

（請參考「給神明當誼子及其注意事項」）

這個時候我聽到宗天宮北斗星君對南斗星君、觀音佛祖說：「這兩天（第五天跟第六天）的閉關夢境很長，我看王弟子已經記得差不多了，再講下去，我怕他會記不起來，很多重點恐怕會遺漏掉，我看，就趁他現在記憶還很清晰的時候讓他醒過來好了。」

「等等，等等，我還有問題。」我問北斗星君。

「弟子，你還有什麼問題？」北斗星君說。

「有一個問題我始終無法理解，為什麼這位媽媽的女兒，之前三間廟都這麼巧合的說是尼姑命呢？」我問北斗星君。

北斗星君回答我：「你這個憨弟子，你想一想啊，如果蔡信女的心結到現在都還沒打開，心病還未治癒，再加上之前她有為前男朋友拿過兩次孩子的那種內心愧疚與罪惡感，你覺得蔡信女會像現在心情開朗，準備即將在十一月（雞犬月）結婚嗎？」

「我覺得不會。」我回答。

北斗星君回答：「是啊，如果再過個幾年，根本問題依然未能解決，年紀漸大了，『或許』蔡信女就真的會遁入空門也不一定，但也只能用『或許』這兩個字來預測。我查過蔡信女的命格，並不是入空門的命格，所以最好不要用尼姑命來下最後定論，因為『水無常態，法無定法，凡事不會都是絕對的』。好了，弟子，時間差不多了，這兩天的夢境整合分析你要完整的記錄下來，因為想要成為一位頂尖的神職人員與問事人員，這部分是必學不可。」

醒來時，我知道夢境很長，深怕忘記，立刻就在床上拿筆記本把夢境寫下，經過幾個小時的擲筊驗證，終於將神明所教的內容完整無誤的問出來，並小心翼翼將這些內容一一的記錄下來。

當天晚上八點多，我再次把第五天、第六天這兩天閉關神明所教解夢技巧的資料拿出來複習一下，我愈看愈覺得神明的智慧真的不是一般人可以理解，沒有靜下心來參悟的話，很難參透其中的竅門與奧妙。

例如，在神明教我如何整合籤詩與夢境這個部分時，我就深深的體會到，如果沒有神明進一步的指示，我也只能掌握百分之六十的真相而已。所以，從中我就參悟出一個道理出來：「一位頂尖的神職人員以及問事人員的背後，如果沒有神明幫忙的話，在案件的處理上以及問事的準確度上，是不可能達到百分之九十以上的。」

所以，人不能藉由宗教與神明的名義開價辦事，人要有自知之明，「人」是最沒有資格開價辦事的。為什麼呢？因為人是神明的僕從，人的工作只是在傳達神明的旨意，執行神明所交代要做的事，而真正辛苦在處理案件、主導整個案件的是神明，不是人。

換言之，就算要開價錢，也只有神明有資格，人是一點資格都沒有的，更何況神明根本不可能向信徒開價。

可是，現在這個社會好像顛倒了，神明是人的僕從，在幫人賺錢的僕從。我一想到這裡，內心就愈堅決的告訴自己：「我絕對不能辜負上天及宗天宮媽祖對我的期待，一定要秉持著最初為神明服務的那一顆原始心，就是這顆原始心，讓我可以一本初衷，自始至終。」

解夢案例：我的女兒是尼姑命？

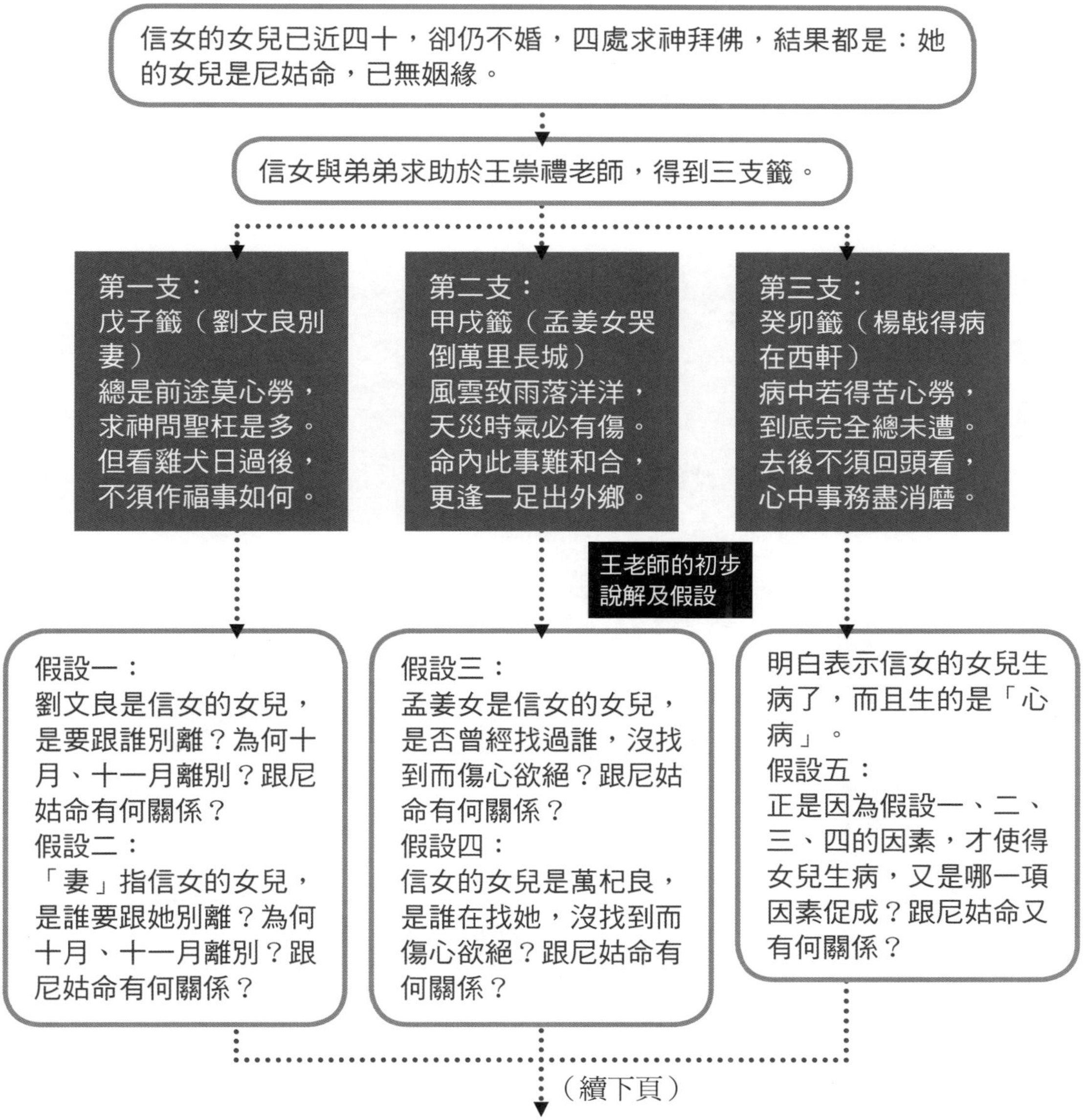

信女的女兒已近四十，卻仍不婚，四處求神拜佛，結果都是：她的女兒是尼姑命，已無姻緣。

信女與弟弟求助於王崇禮老師，得到三支籤。

第一支：
戊子籤（劉文良別妻）
總是前途莫心勞，
求神問聖枉是多。
但看雞犬日過後，
不須作福事如何。

第二支：
甲戌籤（孟姜女哭倒萬里長城）
風雲致雨落洋洋，
天災時氣必有傷。
命內此事難和合，
更逢一足出外鄉。

第三支：
癸卯籤（楊戩得病在西軒）
病中若得苦心勞，
到底完全總未遭。
去後不須回頭看，
心中事務盡消磨。

王老師的初步說解及假設

假設一：
劉文良是信女的女兒，是要跟誰別離？為何十月、十一月離別？跟尼姑命有何關係？
假設二：
「妻」指信女的女兒，是誰要跟她別離？為何十月、十一月離別？跟尼姑命有何關係？

假設三：
孟姜女是信女的女兒，是否曾經找過誰，沒找到而傷心欲絕？跟尼姑命有何關係？
假設四：
信女的女兒是萬杞良，是誰在找她，沒找到而傷心欲絕？跟尼姑命有何關係？

明白表示信女的女兒生病了，而且生的是「心病」。
假設五：
正是因為假設一、二、三、四的因素，才使得女兒生病，又是哪一項因素促成？跟尼姑命又有何關係？

（續下頁）

（承上頁）

初步結論

信女的女兒在過去極有可能發生過什麼事而產生心病，導致她不想相親、不想結婚、甚至之前說的尼姑命。

四天後信女入夢：
第一段：女兒正在整理行李，表示要準備結婚。說明有男友在美國讀書，回國後兩人即要結婚。
第二段：母女在婚紗店試穿婚紗，決定好婚紗時，卻被告知這件婚紗已被訂走，女兒很傷心地回家。
第三段：女兒表示要去美國找男友，登機前，信女發現女兒鞋破腳跛。媽媽對女兒說：身體髮膚受之父母。
第四段：信女發現女兒回家，交給她一本剪破的男性護照，進房後即不再出來，而女兒的房門是心型的。
第五段：三支籤變成一把鑰匙，打開女兒房門後，她帶女兒至宗天宮旁的海邊看海，得觀音佛祖的說解，終於讓女兒放下的心防。

經當事人（信徒的女兒）的親自說明，確認是過去一段失敗的情感，造成她的心結。

案件輪廓的描繪

（續下頁）

（承上頁）

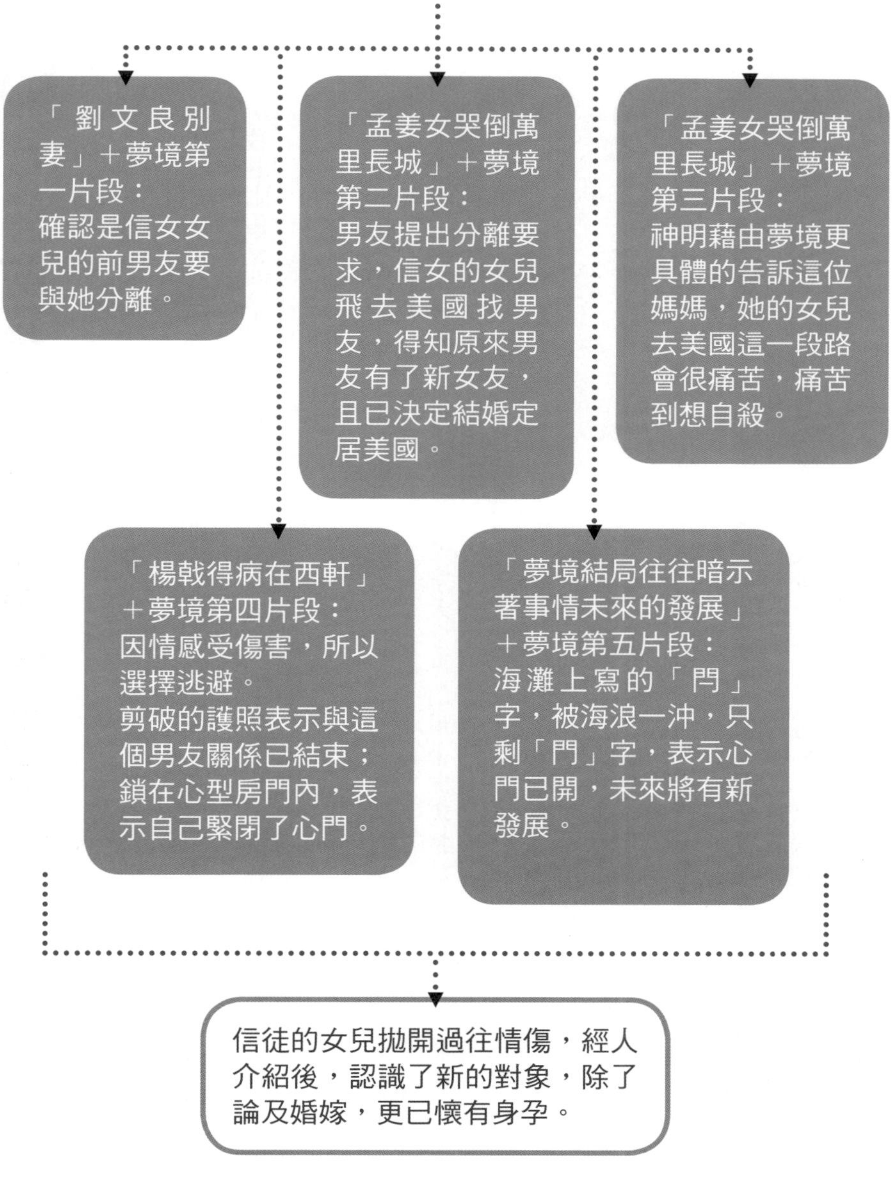

「劉文良別妻」＋夢境第一片段：
確認是信女女兒的前男友要與她分離。

「孟姜女哭倒萬里長城」＋夢境第二片段：
男友提出分離要求，信女的女兒飛去美國找男友，得知原來男友有了新女友，且已決定結婚定居美國。

「孟姜女哭倒萬里長城」＋夢境第三片段：
神明藉由夢境更具體的告訴這位媽媽，她的女兒去美國這一段路會很痛苦，痛苦到想自殺。

「楊戩得病在西軒」＋夢境第四片段：
因情感受傷害，所以選擇逃避。
剪破的護照表示與這個男友關係已結束；鎖在心型房門內，表示自己緊閉了心門。

「夢境結局往往暗示著事情未來的發展」＋夢境第五片段：
海灘上寫的「閂」字，被海浪一沖，只剩「門」字，表示心門已開，未來將有新發展。

信徒的女兒拋開過往情傷，經人介紹後，認識了新的對象，除了論及婚嫁，更已懷有身孕。

第四章 眾神對夢境解析的最後提示

——第七天閉關

我躺在床上，把第五、第六這兩天閉關神明所教給我的內容再複習一次後，時間已經快到晚上十點多了，我的眼皮又開始沉重起來。果然，不一會兒我就睡著了。而在這第七天的閉關裡，我夢到……

我走到宗天宮裡面的一間教室，這間教室是宗天宮專門用來開班授課的一間專用教室，走進去之後，我看到宗天宮南斗星君、北斗星君、天官紫微大帝、觀音佛祖，四尊神明已經在教室裡面，並且都坐在椅子上了。

我好奇的問：「你們怎麼這麼早就坐在這？」

宗天宮觀音佛祖告訴我：「弟子，今天是你閉關的第七天，今天要教你兩個重點：夢境時間點的推論，以及如何擲筊問夢境。今天上完解夢技巧後，明天開始就要教你風水地理方面的課程了，也就是陰宅。弟子，好好用心學，完成四十九天閉關後，你還要考試的喔。所以，弟子，你最好不要考不過，考不過是要重來的，我先告訴你喔。」

「吼，不要這樣嚇我啦！」我回答。

當大家笑成一團的時候，忽然從教室門外傳來一個聲音：「好了，我們開始上課了。」仔細一看，講這句話的正是宗天宮大聖母。

如何知道夢境裡的時間點

宗天宮大聖母一臉嚴肅的走進教室之後，就直接走上講臺對著我說：「好了，弟子，時間不多了，我們就開始上課。

來，弟子，把黑板上寫的字記下來。」

十二月令的代表字

這時，我看到黑板上寫著：

「一月端、二月花、三月桐、四月梅、五月蒲、六月荔、七月瓜、八月桂、九月菊、十月陽、十一月霞、十二月臘」這十二個字。

等我將這十二個字記下來之後，宗天宮媽祖馬上告訴我：「一年有十二個月，如果神明要托夢給一位信徒說明『時間點』，有的時候就會用這十二個月令的代表字來代表時間，只要了解這十二個字，弟子，將來你在幫信徒解夢的時候，就可以知道夢境中的時間點是在講什麼時候了。

你還記得今年四月有一位信徒因為一段時間找不到工作，所以來到梓官城隍廟點香祈求城隍爺能夠保佑他早日找到適合他的工作嗎？然而，在他回去的當天晚上，城隍爺馬上就給這位信徒托了夢：

夢境實例 在荔枝樹下釣魚

這位信徒夢到他開著一輛車要去釣魚，車子開了很久，都找不到魚池或者魚塭，於是他就下車問了一位路人：「先生，我要去釣魚，可是都找不到哪裡有魚池或魚塭，你知道哪裡可以釣魚嗎？」

這位先生就指著前面說，往這條路一直走下去，你就會看到一個魚池。於是，這位信徒就很開心的把車子往前開。不久後果然看到一個大魚池，這位信徒就很高興的準備好釣具，坐在一顆樹下釣起魚來。

當這位信徒抬頭一看，才發現這棵樹上長滿了荔枝。

弟子，這個夢對你來講應該是淺顯易懂，但我還是要再問你一次，城隍爺在這個夢境裡面是要跟這位信徒講，他在什麼時候會找到適合的工作呢？」

「六月。」我回答宗天宮大聖母。

「沒錯，是六月。」大聖母說：「夢境中的魚代表工作，釣到魚或抓到魚，就意謂著找到工作，而荔枝就是代表六月份。弟子，那如果夢中有一個成分是顯現桂花，是幾月？」

「八月。」我回答。

以東西的季節性來代表時間

大聖母笑著對我說：「對，是八月。但是弟子，你還要記住一個重點，神明托夢講時間，不會一直都用這十二個月份的代表物作暗示，有的時候還會用動物。例如：老鼠、蛇等就代表一月或六月（此處動物是指十二生肖）。

除了動物的代表外，有時還會以『東西的季節性』來暗示時間點。

你還記得去年十月份，有一位信徒因為她有一間店面一直租不出去，所以到城隍廟求城隍爺幫忙。然而，在三天後她做了一個夢，她夢到她在那間租不出去的店裡面吃『烏魚』，這個夢經你請示城隍爺後，城隍爺不是指示在『冬至』左右就會有好消息了嗎？

果然，真的就在冬至後就順利把店面租出去了。弟子，你還記得吧？」

「我記得。」我回答。

「弟子，記起來，為什麼夢到烏魚是代表冬至呢？因為烏魚差不多都是在冬至的時間才會有。除此之外，再想得深入一點，這位信徒是夢到她在她那間租不出去的店面裡吃烏魚，那為什麼不夢到在其他地方吃烏魚，偏偏在那間租不出去的店面，而這個夢又為何是在這位信徒祈求城隍爺後回去夢到的？

弟子，你從這個案件就可以學到，**神明在托夢給信徒講時間點的時候，會用很多的東西來代表，不會只用十二個月令的代表物來代表時間點。**

所以，你要用一種『活』的思維來學解夢，絕不能用死板的、一成不變的概念來學解夢，這樣是不會進步的。」

宗天宮大聖母講完之後，天官紫微大帝接著說：「弟子，你不覺得剛剛大聖母講的那些夢境雖然只有短短的片段，但夢境內容相當直白，意境也可以說是簡潔易懂。不過話又說回來，就算是再怎麼簡潔易懂與直白，還是要有能力解夢才有用，否則一切都只會淪為空談。所以，弟子，我一直千交代、萬交代，你在解夢技巧這方面一定要好好的學，因為就某種意義來看，**『夢，就是神明跟我的一種對話』**。」

如何擲筊驗證夢境

自己先解完夢境再請示神明

紫微大帝繼續說：「弟子，要記住，一位真正厲害、真正有大智慧的神職人員或問事者，一定都是先把夢解完，然後再請示神明看這樣對不對。

這是一種頂尖的神職人員與問事者的做法，同樣也是一種最保險、最謹慎的印證法。

現在我要講的就是這個部分。我用剛剛大聖母所講的那兩個夢境來作進一步解釋，這樣你會比較清楚。

第一個案件

信徒已經有一段時間找不到工作，祈求城隍爺後夢到：坐在一棵『荔枝樹』下『釣魚』。

問法是：

『請示城隍爺，這個夢是不是在講弟子的事業方面，在六月份的時候會有明顯的目標出現，如果弟子解的是正確的話，請給弟子三個聖筊？』

如果你解得正確，神明一定會給你三個聖筊。

如果沒有三個聖筊，就表示你解的答案不是神明要的，那就要有耐心地再重新解一次，解完之後再請示神明。

如果神明給你兩個聖筊，就表示答案快接近了。

例如，問法是：『請示城隍爺，這個夢是不是在講弟子事業方面的事？』這樣，也許城隍爺只會給你兩個聖筊。為什麼呢？因為是講事業方面沒錯，可是你時間點並沒有問出來，所以城隍爺只能給你兩個聖筊。

所以，如果你再加上：『請示城隍爺，這個夢是不是在講弟子的事業方面，在「六月份」的時候會有明顯的目標出現，如果弟子解的是正確的話，請給弟子三個聖筊？』這樣也許就會出現三個聖筊了。

第二個案件

信徒有間店面一直租不出去，祈求城隍爺後夢到：她在那間店裡面吃『烏魚』。

問法是：

『請示城隍爺，這個夢是不是在講信女這間店面大約在接近冬至的時候，就有機會可以租出去了？如果信女解的是正確的話，請給信女三個聖筊？』

同樣地，如果你解得正確，神明一定會給你三個聖筊。

如果沒有三個聖筊，那就表示你解的答案不是神明要的，或者是解錯了，那麼你就要有耐心地再重新解一次，解完之後再請示神明。

如果神明給你兩個聖筊，就表示答案快接近了。

例如，問法是：『請示城隍爺，這個夢是不是在講信女店面出租的事？』你問這樣，也許城隍爺只會給你兩個聖筊。為什麼？因為是講店面的事沒錯，可是時間點並沒有問出來，所以城隍爺只能給你兩個聖筊。

所以，如果你再加上：『請示城隍爺，這個夢是不是在講信女這間店面大約在接近冬至的時候，就有機會可以租出去了？如果信女解的是正確的話，請給信女三個聖筊？』也許就會出現三個聖筊了。」

精進自己的解夢功力

紫微大帝繼續對我說：「弟子，這種夢境問法其實是精進自己解夢功力的最好方法，因為當你還沒請示神明之前，先在心裡面把夢解好，最後再把解好的答案請示神明，看你解的答案跟神明要的答案有沒有一樣。如果一樣，那就表示你解對了；如果不一樣，那就修正你的答案，直到問出神明要的答案為止。勤奮地用這種自我精進解夢功力的問法請示神明的話，日積月累，我相信以後只要一聽到夢境的內容，你大概就可以先斷個百分之六七十。

弟子，希望你能用心體會這七天閉關的內容。解夢這一門技巧，對提升問事的精準度非常有幫助，但偏偏這一門學問卻很少人知道，就算知道也只是一知半解，甚至有些神職人員把學錯的觀念再教給學生，導致一錯再錯，這代錯，代代錯。

所以，弟子，任重道遠，將來宗天宮開班授課時，你一定要把這次閉關時宗天宮眾神明所教你的這些解夢學問、竅門、技巧、法門，不藏私的傳承給你的學生，一定要讓這門學問發揚光大，讓後代子孫可以自渡而後再渡人。宗教的核心精神就是要讓人感到安心、放心、有信心，而不是要讓人感到驚悚、恐慌、害怕。」

強化運勢篇

第五章 補運祕訣大公開（拜天公、上元、下元）

接下來，要告訴大家如何補運才會有功效，在這裡，我會把補運跟拜天公、上元、下元整合在一起講，因為在臺灣民間的習俗裡，補運的時間大都會選擇在這三個民俗重要節日當中，所以一起講才會更有意義。

認識天公與三官大帝

拜天公是在正月初九「天公生」，而上元和下元則分別是三官大帝中天官和水官的生日，所以在正式進入補運前，我們先簡單認識一下天公和三官大帝吧！

天公伯——玉皇上帝

每年的正月初九，就是玉皇上帝的生日，也是臺灣民俗文化裡的一個非常重要的大節日——「天公生」。

正月初八晚上十一點一到，也就是正式進入初九的子時，天公廟裡總會擠滿人山人海的信徒，每人手拿三炷香，以最虔誠的心慶祝玉皇上帝萬壽無疆。

玉皇上帝是所有道教神明級別最高的神明之一，地位僅次於三清。在百姓的心目中，祂的地位是至高無上的，就像古代的皇帝，天威在上，讓蟻民百姓誠惶誠恐。

根據民間傳說的記載，玉帝姓張，名堅，正月初九出生。據傳說，很久很久以前，有一個叫做「光嚴妙樂」的國家，國王叫淨德，王后叫寶月光，他們夫妻唯一的遺憾就是老來無子，便邀請道士舉行一連串的祈福活動，然而，又過了半年，仍然沒有半點兒好消息。

一晚，王后忽然夢到太上老君及眾神明抱著一個全身紅色的嬰兒從天而降，她懇請太上老君把這個可愛的嬰兒賜給她，太上老君微笑點頭答應了，王后也滿心歡喜地收下這名嬰兒。一年後，丙午年正月初九，寶月光王后果真生下這名嬰兒。小嬰兒誕生時，整個房間充滿異香，光芒萬丈——他就是後來的玉帝。玉帝生性聰慧善良，長大後更是慈悲仁愛，治理國家愛民如子。後來，玉帝讓出王位，深居山中虔心修行，歷經一億三千二百劫之後，終於成為玉皇上帝。

三官大帝就是堯、舜、禹

三官大帝就是三界公，也是上古的三位賢君堯、舜、禹。所謂三官大帝就是：

▼**上元一品賜福天官紫微大帝（堯）**：正月十五日（上元賜福補運）。

▼**中元二品赦罪地官清虛大帝（舜）**：七月十五日（中元赦罪普渡）。

▼**下元三品解厄水官洞陰大帝（禹）**：十月十五日（下元解厄補運）。

補什麼運？

民間常於上元和下元時祈求天官、水官補運，其實祈求的內容是有些微妙不同的：

天官賜福，祈求關鍵的一臂之力

「天官賜福」，顧名思義就是祈求天官紫微大帝賜福氣給人間百姓。

如果你覺得過去有很長一段時間運勢低迷，做什麼事都不是那麼順利：明明很努力，甚至成功已近在眼前，但偏偏就差那臨門一腳，最後功敗垂成。舉例來說，公司有一個主管的職缺，正在物色一名能擔當此重責大任的員工，而從資歷、學歷或經歷來看，你都是佼佼者，正是這個職位的不二人選，但令人扼腕的是，偏偏在最後階段殺出一個程咬金，使你不幸落選。

你沒有不努力，也不是沒能力，但就差一個助力。如果有很長一段時間（甚至數年）都有這種現象發生，那就需要補運了。補運，就是在運勢裡加一個助力，再推你一把，這樣要向上再爬一層樓，就會比較容易了。

水官解厄，在低迷運勢裡增添一道光明

「水官解厄」，顧名思義就是祈求水官洞陰大帝幫百姓消災解厄。

若你覺得過去有很長一段時間運勢低迷，元神黯淡，導致意外事故頻仍。例如，在一年內發生好幾次交通意外事故，不管是撞人或被撞，皆造成雙方傷害，又或是在公司、工廠發生職業災害，在場很多人都沒事，卻偏偏就發生在你身上。

解厄補運，就是在你低迷且黯淡的運勢裡加一道光明，指引你走出困境。不僅如此，還會出現貴人在你發生意外事故前拉你一把，助你避開禍事。

補運小秘訣　中元的重點不在補運

「地官赦罪」，顧名思義就是祈求地官清虛大帝超渡及赦罪祖先與孤魂，最廣為人知的典故之一，就是目連救母的故事。因此，七月十五主要目的不在補運，而是在赦罪及超渡，所以中元普渡，是在超度祖先和孤魂。

有效補運的訣竅

不管是需要福氣來助你一臂之力，還是需要消災解厄讓你避開禍事，很多人都會利用正月初九日、正月十五日、十月十五日這三個重要日子做「補運」。

重點來了！請一定要記住：補運不是自己說要補運就可以補，也不是隨便拿張疏文寫一寫，補運就會有效果——補運絕對沒有我們想像的那麼簡單。

補運要有效果，必須有幾個「元素」結合成為一個系統，如此一來，這個系統才能夠運轉，系統若運轉順利，才能夠產生最大的「功效」。

接下來，就是要公開神明教我的「有效補運」的訣竅。這個訣竅，一來，可以幫助困苦的人沾沾上天的雨露，進而改變生活品質；二來，可以讓之前有補過運而沒有實質效果的人知道問題出在哪裡，只要知道問題出在哪裡，再加以改進，下次補運時就會看到「功效」了。

補運元素1 先徵得神明的同意

請徵得你的主神的同意，如果是去天公廟請示，便是徵求天公的同意。

神明要同意你的祈求，整個補運程序才算踏出成功的一步了。為什麼這一點很重要呢？因為神明一旦同意了，就會很慈悲的為祂的弟子、信女奔波，從中周旋一些事，讓補運這件事可以達到功效。

補運元素2 問補運的金紙

神明同意你補運之後，請馬上接著問補運的金紙。神明會依照我們的福報、陰德，替我們確認金紙的數量。

補運的金紙很重要，這關係到補運的效果能達到百分之九十或只有百分之五十。一般人不知道這一點的嚴重性，金紙的數量往往自己隨意決定，孰不知，補運的金紙買得太多，根本毫無益處，反而浪費錢——上天補運不是燒得愈多就補得愈多，所以一定要破除這個迷思。相對的，補運金紙若不夠，雖不至於完全沒效果，但「功效速度」會慢慢地跑，致使「結果」跟我們原本的「預期」產生差距。

那麼，究竟要如何知道金紙的數量呢？很簡單，不要自作聰明，問神就對了。只是這麼一來，新的問題又來了：「我不知道補運金紙用什麼金紙！」「若要問神明，該怎麼問才對？」別急，接下來就是要教導大家如何問金紙！

記起來，保證終身受用無窮。

首先，你必須要知道補運金紙主要有十二大類，分別為：大太極、中太極、小太極、天金、尺金、壽金、天庫（也有人稱補運金）、天錢（也有人稱補運錢）、地庫、地錢、水庫、水錢。

接著，就可以開始問了——記住，問補運金紙數量時，以下三種問法都要問過才行：

問法一

大太極、中太極、小太極可以一起問，單位一百起跳。單位一百不是一百塊錢，而是這種金紙的單位術語統稱。

請擲筊問神明：「補運的大太極、中太極、小太極各一百可以嗎？」如果沒有三個聖筊，就繼續往二百問，沒有再問三百，還是沒有再問四百……，以此類推，問到會有三個聖筊的，就是你要準備的數量。舉例來說，你問到四百有三個聖筊，那就表示你要準備大太極四百、中太極四百、小太極四百。總而言之，請神明幫我們決定金紙數量的多寡，心裡面也比較安心。

問法二

天金、尺金、壽金可以一起問，單位一支起跳。

請擲筊問神明：「補運的天金、尺金、壽金各一支可以嗎？」如果沒有三個聖筊，就往二支問，若沒有，就問三支，還是沒有再問四支……，以此類推，問到有三個聖筊的，就是你要準備的數量。例如，若問到十支時有三個聖筊，那就表示要準備天金十支、尺金十支、壽金十支。

問法三

天庫、天錢、地庫、地錢、水庫、水錢，這些可以一起問，單位一百萬起跳（金紙的單位術語統稱）。

請擲筊問神明：「補運的天庫、天錢、地庫、地錢、水庫、水錢各一百萬可以嗎？」如果沒有三個聖筊，就往二百萬問，還是沒有就問三百萬，再沒有就問四百萬……，以此類推，問到會有三個聖筊的，就是你要準備的數量。假設你問到八百萬時有三個聖筊，那就表示你要準備天庫八百萬、天錢八百萬、地庫八百萬、地錢八百萬、水庫八百萬、水錢八百萬。

話說回來，這種金紙問到上千萬的量是有可能的喔！

補運小秘訣

補運金、補運錢小常識

天庫、天錢是天官賜福所用；地庫、地錢是地官赦罪所用；水庫、水錢是水官解厄所用——這些金紙的顏色都不同，而顏色不同，意義也就不同。

補運元素3 寫疏文

待補運金紙的數量決定後，就要進入「寫疏文」這個步驟。補運一般都要寫疏文，而疏文裡必須寫上補運者的⑴姓名、⑵地址、⑶農曆的出生年、月、日、時、⑷補運金紙的數量。

疏文的內容會藉由焚香儀式一一稟告上天，所以一定要仔細寫，不能有遺漏之處。至於疏文填單，一般在金紙店購買補運金紙的同時，就可以直接向店家購買了。

補運元素4 恭請玉皇上帝和三官大帝做主

等疏文書寫完成（元素1、2也都要完成才行），「補運」就可以進入到第四個，也是最後一個元素——誠心祈求玉皇上帝和三官大帝（注意，一定要同時跟玉皇上帝和三官大帝祈求）做主處理補運相關事宜。

在這個階段裡，有些人會在廟前擺香案，祈求玉皇上帝及三官大帝降臨執事，另外也有些人會親自到天公廟辦理，這兩種方式都可以，端看個人的決定。

供品

如果依照傳統古禮準備供品，就是鮮花一對、五果（五樣水果）、三牲或五牲（有些天公廟規定用素三牲，葷素依廟方規定即可）、山珍海味，紅圓六個、發糕六個、米酒一罐。每間廟的規定，以及地方傳統文化的不同，準備供品都會有些不一樣，其實這些倒還好，最重要的是——一顆虔誠的心。

拜拜流程

供品擺上案桌後，就可以開始點第一道香，請這樣稟告：「稟告玉皇上帝及三官大帝，蟻民○○○，生辰是農曆□□□□□□，地址△△△△△△△，今天以最誠懇的心祈求玉皇上帝及三官大帝做主幫蟻民補運。」

第二道香上香時誦念疏文。上完第三道香後，可以擲筊請示玉皇上帝、三官大帝是否這次的補運儀式已經圓滿完成：「如果圓滿完成的話請賜三個聖筊。」

如果有三個聖筊，就表示補運已經圓滿完成，接著就可以燒化補運的金紙，請連同疏文一起燒化掉；如果沒有三個聖筊，就要再等一下，直到玉皇上帝賜三個聖筊為止（建議要三個聖筊，這樣比較慎重）。

待補運金紙完全燒化完畢，整個補運儀式才算是大功告成。雖然這樣的流程要多花一些時間準備及驗證，但我們求的是要有功效；若有功效，花多一點的時間準備也是值得的，不是嗎？

不管在正月初九、正月十五或十月十五日做補運，都是希望自己及家人在這一年當中平平安安、順順利利，並且遠離災禍。既然如此，那就一定要好好把這四個重要元素學起來。祝大家新的一年心想事成！

第六章 給神明當誼子及其注意事項

哪些孩子給神明當誼子會比較好帶？

十二生肖裡的任何一個生肖，都會有雙父母命格的人，只是大家不知道而已。所謂的雙父母命格，就是除了親生父母外，還要給神明當誼子，這樣才會比較好「腰養」，也就是說，會比較好帶。

那麼，不好帶的孩子會是什麼樣的情形呢？

舉例來說，晚上比較會吵鬧愛哭；人比較容易生病；參加婚喪活動回來後比較會哭鬧；難以入睡，睡到半夜會大哭大鬧；吃不下奶，還容易溢奶……。總之，這些情形都會讓父母親感到辛苦疲憊。

然而，只要讓這些孩子給神明當誼子，類似的情形就會慢慢改善，甚至會逐漸消失。當孩子的背後有了神明護佑，他成長過程中的智慧啟發、智能學習等各方面的發展，也會比較順遂。神明會一路護佑這個孩子，直到十六歲弱冠之年長大成人。

不只是雙父母命格的孩子，凡是從小不好帶或有特殊原因（如發展遲緩）的孩子，也可以求神收為誼子。所以，這裡要公開十二生肖裡面哪些是具有雙父母命格的孩子。

建議要給神明當誼子的孩子	
先天命格、八字有雙父母命格者	屬鼠：巳時、午時出生
	屬牛：卯時、子時出生
	屬虎：子時、辰時出生
	屬兔：午時、申時出生
	屬龍：巳時、午時出生
	屬蛇：卯時、子時出生
	屬馬：子時、辰時出生
	屬羊：午時、申時出生
	屬猴：巳時、午時出生
	屬雞：卯時、子時出生
	屬狗：子時、辰時出生
	屬豬：午時、申時出生
從小不好帶者	
特殊原因者（如發展遲緩者）	

神明收誼子四大元素

和補運一樣，神明收誼子也有四大必需元素。

第1元素 先求神明答應

若你的孩子有吻合雙父母命格，或有其他原因而想要祈求神明收孩子為誼子時，首先要求得神明的同意，但是要怎麼問，這可是一門大學問了。以下提供兩種版本讓大家參考。

正確的問法

「弟子／信女╳╳╳的孩子因為有雙父母的命格（或是有〇〇的原因），所以在此祈求△△神明慈悲收這個孩子為誼子，如果△△神明答應的話，請給弟子／信女三個聖筊。」

不正確的問法

「弟子／信女╳╳╳的孩子因為有雙父母的命格（或是有〇〇的原因），所以想問△△神明『要不要』收這個孩子為誼子，如果△△神明要的話，請給弟子／信女三個聖筊。」

這兩者的差別在於：神明不太會主動問某某某要不要來當我的誼子，而應該是我們人要主動求神明收這孩子為誼子才對。神明是慈悲的，一般而言都會答應。

第2元素 準備供品及相關物品

在神明答應收你的孩子為誼子後，就要準備相關供品及物品了。所需供品及物品如下：

供品

鮮花一對、素果、三牲（葷素皆可）、米酒一瓶、紅圓六個、發糕六個、金紙些許。

物品

▼**誼子書一式兩張（請參考範本，一張需燒化掉，一張需保留著）**：我提供了兩種誼子書範本供大家參考，因為男女生不同，寫法也不同——男生請使用誼子書、女生則使用誼子女書。

填誼子／誼子女書時，還要注意以下兩點：

(1) 誼子／誼子女書的左上方空白處需要蓋上該廟的廟印。

(2) 誼子／誼子女書最好是用薄的紅布書寫，因為要存放好幾年，所以要耐放。

誼子書

誼子 林小明 居住新北市 ××××××× 幾號
蒙神庇祐祈求平安慈訂一〇五年一月十五日午時建 生

五月十五日契

於 屏東萬巒宗天宮天上大聖母 收為誼子、順辦敬備
茶果等全付
奉敬叩謝神恩祈求保佑誼 子 運途亨通、四季旺盛、
添根基、添元神、添貴好人相扶助、身體勇壯、財星
旺盛、四時無災、八節有慶、東西南北福星光照、身
中光彩、命運亨通、財利順手、合家平安、凡事逢凶
化吉、深感鴻恩百拜、立奉誼 子 書投付為証

添丁

誼 子 印（蓋小孩手印）

進財

父母印（蓋父母手印）

登福星入宅
十六歲成人在屏東萬巒宗天宮 前辦理弱冠答謝奉天
中華民國 一〇五 年 五 月 十五 日拜

誼子女書

誼子女 王小美 居住高雄市 ××××××× 幾號
蒙神庇祐祈求平安慈訂一〇五年一月十五日午時瑞 生

五月十五日契

於 高雄梓官城隍廟城隍爺 收為誼子女、順辦敬備茶
果等全付
奉敬叩謝神恩祈求保佑誼子女運途亨通、四季旺盛、
添根基、添元神、添貴好人相扶助、身體勇壯、財星
旺盛、四時無災、八節有慶、東西南北福星光照、身
中光彩、命運亨通、財利順手、合家平安、凡事逢凶
化吉、深感鴻恩百拜、立奉誼子女書投付為証

添丁

誼子女印（蓋小孩手印）

進財

父母印（蓋父母手印）

登福星入宅
十六歲成人在 高雄梓官城隍廟 前辦理弱冠答謝奉天
中華民國 一〇五 年 五 月 十五 日拜

▼**銀牌一個：**銀樓店購買，不用太大，銀牌上面需刻上：哪間廟、哪尊神明。

第3元素 焚香稟告神明及擲筊確認是否可以開始蓋手印

當供品、誼子書、銀牌都已經準備完畢且放在供桌上後，就可以開始點香稟告神明做主此次的收誼子儀式。

第一道香

祈禱文例句：

「奉請宗天宮天上大聖母，今日弟子／信女╳╳╳以最誠懇的心感謝天上大聖母大發慈悲，答應收弟子／信女的孩子╳╳╳為誼子／誼子女。今日誠心準備鮮花一對、素果、三牲、米酒一瓶、紅圓六個、發糕六個、誼子／誼子女書一式兩張、銀牌一個，正式要來辦理讓宗天宮天上大聖母收為誼子／誼子女的儀式，請宗天宮天上大聖母做主。」

第二道香

焚香誦唸誼子／誼子女書內容。

第三道香

擲筊請示神明：「奉請宗天宮天上大聖母，弟子／信女誠心感謝聖母的慈悲與幫忙，如果此次收誼子儀式已經圓滿完成可以開始蓋手印的話，請給弟子／信女三個聖筊。」

如果有三個聖筊，就表示整個儀式已大功告成。如果沒有三個聖筊，請繼續等個十分鐘後再擲筊，或者可以問是不是再十分鐘、二十分鐘、三十分鐘才可以蓋手印。請不用太擔心，只要有遵照前面三個元素做，一定會擲到三個聖筊的。

第4元素 開始蓋手印

當神明賜三個聖筊，表示此次儀式已經圓滿完成，而且可以開始蓋手印了，那就可以將一些墨汁塗在小孩子的拇指上，然後蓋在誼子／誼子女印處，接著父母親也要分別在父母印處蓋手印。如果單親，一個代表就可以。

神明收誼子儀式小秘訣 兩大重點

最後要告訴大家兩個重點：

(1) **一式兩張的誼子書**：一旦神明賜三個聖筊，儀式圓滿完成且蓋完手印後之後，一張誼子書可以隨金紙燒化掉，另一張拿回家放在小孩子的枕頭下，至少放六個月才能拿起來並收好，等到孩子十六歲時，再帶去該廟辦理弱冠成年禮。

(2)誼子／誼子女的銀牌：若銀牌有變黑或發生異狀，最好要回該廟，點香再請示一下神明，看看是不是有什麼事要注意，這樣做才會比較保險，因為這很可能是神明有事想要提醒你的徵兆。

（圖中是銀牌發黑的異狀，跟一般銀變黑的情形不同）。

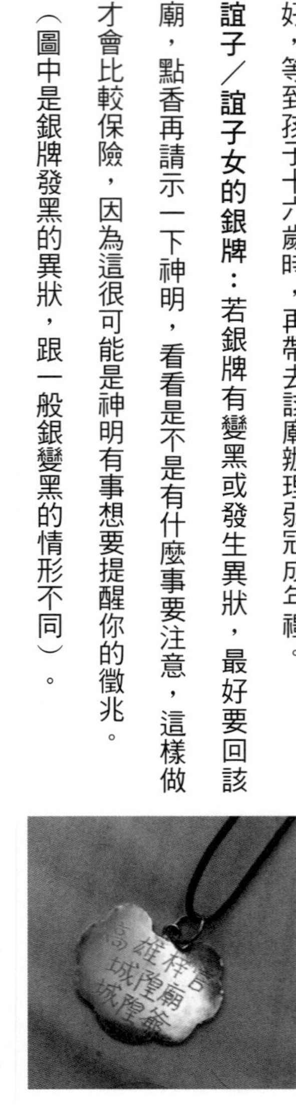

另外還有一個小要點，有些父母想為子女請神明收誼子或誼子女，但不知道該請哪一位神明才好。

其實，可以依自己心目中要祈求哪一尊神明收誼子為最先祈求，如果沒有聖筊再換另一尊神明。例如，自己想先求紫微大帝收為誼子，如果沒有聖筊的話，那再換求觀音佛祖，如果觀音佛祖沒聖筊，再換祈求大聖母，如果大聖母有三個聖筊答應的話，就表示這位孩子是由大聖母出面要收為誼子，以此類推。

天下父母心，無不希望孩子能順利健康的長大，在辦理完收誼子儀式後，相信在神明的庇佑下，小孩坎坷的成長之路上會出現轉機，一路平安成長。

雖然這套收誼子的程序花費的時間比較久，但相對而言，卻是最嚴謹的——要做一件事，就要做到最好，最有成效，否則就不如不做。

最後，願天下的孩子們都能體會神明與父母的一番苦心，在當完神明的誼子或誼子女之後，都能平安長大，而且懂得反哺之心，孝順父母。

第七章 如何命名、取公司行號

現今社會對於自己的名字除了愈來愈講究之外，更是期待的自己的名字可以為自己帶來運勢的順遂，當然也包含婚姻、事業的順利。

但是，我一直在想：一個人的名字到底影響一個人的命運有多少？假設命運的總分是一百分，那麼名字又到底是佔命運的百分之多少呢？

我們再假設一個人如果事業不順，那麼改名字到底能不能幫助這個人事業順利？每個人的看法與見解都不盡相同，有些人說有幫助，但有些人說毫無幫助，各有各的說法，大家都無法說誰是正確的，誰是錯的。寫過論文或做過研究的人都知道一個原則，要講別人是不正確的時候，你要先證明你自己是正確的，然而在姓名學上要去證明誰是正確、誰是不正確，基本上是不容易做到的。所以，我們只能用形而上的思維來看待這一件事：你認為名字對你的運勢、事業、婚姻有幫助，那就有幫助；如果認為沒有幫助，那就沒有幫助，如此而已。

曾經有一位信徒，他的事業已經走下坡有一段時間了，於是這位信徒就去找一位老師作諮詢。最後，他找到事業走下坡的原因就是名字不好，而名字不好的原因，是筆劃不好，所以要重新改一個名字。那麼，這位信徒最後有沒有改名呢？答案有。那麼改了名字之後，過了一段時間事業有沒有從此改善呢？答案是沒有。於是，這位信徒又去找另一位老師做第二次諮詢。這位老師算了一下，對這位信徒說：「你事業走下坡的原因主要是出在名字跟你相剋，建議你最好要改名，否則事業還會一直走下坡。」

聽到這邊，信徒問這位老師說：「我這個名字上次已經找一位老師改過了，怎麼會這樣？」那位老師回答：「因為上次你找的老師他……，所以你要再重新取一個新名字。」那這次這位信徒有再改名字嗎？答案還是有。而且這位信徒前前後後總共找了三位老師改名，只是第三次改的名字現在是用「叫的」，身分證上面並沒有更改。

從這個案件可以歸納出一些道理來：

第一、也就是第三位的老師會說第二位老師取的名字不適合，而第二位的老師會說第一位老師取的名字不好。我們做一次「假設」，這位信徒如果有再去找第四位老師的話，或許同樣也會說第三位老師取的名字有問題吧。

第二、我們用反思的角度來看的話，有沒有可能第三位的老師會對這位信徒說，第二位老師幫你取的名字已經很好了，你不用改了？或者第二位老師對這位信徒說，你上次找的老師幫你取的名字就已經很適合你了，你不需要再換了？在現實生活中，有可能會出現這些對話嗎？

要神明指示改名才有效果

「名字」到底會不會影響一個人的命運？客觀一點來講，我們不能說完全不會影響，但也不會是絕對有影響。我還是一個原則，要找到「根本的原因」才能夠對症下藥，也就是如果這個根本原因是「名字」的話，那改名才會產生效果。相對的，如果「名字」不是根本原因，而一味盲目的跑去改名，你的名字就很有可能會一改再改，改到最後，還是沒有辦法讓你的運勢順遂，反而浪費了很多的時間、精神、金錢。

在今年其實也是有「少數」信徒因為事業或運勢的不順遂來問宗天宮媽祖，宗天宮媽祖也曾確實指示「問題出在名字，所以要重新取一個名字來取代現有的這個名字」，就可以讓運勢及事業開始往上發展。於是，我就按照宗天宮媽祖所教的命名方式及竅門，幫這些信徒重新取名。通常在一個多月後，這些信徒的運勢及事業也真的開始起運，不管是財運還是貴人，都開始有明顯的變好。

所以，重點不是在改名，重點是要「神明指示須要改名」才有用，只要神明有指示必須這麼做，那就代表原因出在名字。如果神明沒有指示這麼做，就表示問題不是出在名字。所以，我還是勸大家不要盲目的改名，以免浪費金錢、精神及時間。

不過話說回來，既然信徒有命名這方面的需求，而我在四十九天的閉關中，宗天宮神明也有提到命名學，那麼我就把一些命名的技巧跟竅門，用最簡單、最容易理解的方式教給大家，讓大家以後不用再依賴別人，不用再花大錢，自己也可以幫自己命名，甚至還可以幫別人命名。

「問神達人王崇禮老師命名學之精華概要」的由來

我看過超過四十五本有關姓名學的書籍，每一本書我都仔細看超過三次以上。所以，我知道各家姓名學的派別所主張的觀點及方法，真的是太多了，每個人有每個人的原則。所以，在這邊我就不再多作這方面理論性的贅述了。

在我閉關的期間，宗天宮媽祖曾經告訴我：「弟子，如果你要寫有關命名學的書，一定要掌握一個原則，那就是要『深入淺出』。」

媽祖講的這個原則真的很重要，所以我把看過的四十五本書去蕪存菁，取其精華，然後配合康熙字典的解釋與篩選，再加上四十九天閉關時神明教我的一些命名訣竅，整合出一套屬於我自己的「問神達人王崇禮老師命名學之精華概要」。最後，我再把這套「問神達人王崇禮老師命名學之精華概要」擺在神桌上，點香祈求神明檢視查看三天。

三天後，我親自擲筊請示神明：「我寫的這套『問神達人王崇禮老師命名學之精華概要』經宗天宮眾神明檢視查看後，是否已經可以出版了？如果可以出版的話，請給弟子三個聖筊。」叩叩叩，宗天宮眾神明立馬給我三個聖筊。於是，「問神達人王崇禮老師命名學之精華概要」便由此誕生。

進入命名學領域的大門

大家都知道天、地、人就是「三才」，而姓名也是由「天格」、「人格」、「地格」所組成。具體一點來說，就是一個人的姓代表「天格」，第二個字代表「人格」，第三個字代表「地格」，這種組合的邏輯就是「人」生長在「天」跟「地」之間。

例如：林小毛。「林」就是「天格」，「小」就是「人格」，「毛」就是「地格」。

除此之外，命名還要知道文字的音、義、形，也就是說，命名不是只看筆劃數或五行的相生剋，還要去檢視文字的音唸起來好不好聽，更要去了解這個文字代表的是什麼意義，這樣才是命名的精神所在。例如：我看很多人的名字有「彤」這個字，而這個字在字典上的其中一種解釋就是一種赤管筆；紅色筆管的筆，是古代女史記錄事情的專用筆。

所以，不管是選擇哪一個名字，最好都要知道這個名字的代表性意義，否則一個人連自己名字的意義都不知道的話，是會鬧笑話的。

我想這些大家都已經明白，就不再多做說明了，接下來就直接進入教導如何命名比較重要。

命名的步驟

第一步：先查看姓氏筆劃

例如：假設你姓柯，柯的筆劃是九劃，那麼在九筆劃姓氏裡面就可以找到「柯」姓。如果是複姓（如歐陽、上官、范姜等）或雙姓（如陳蔡、高王、黃李等），筆劃則是取二字的筆劃之和，再除以二。例如，複姓「歐陽」，歐字為十五劃，陽字為十七劃，相加之和為三十二，再除以二是十六，所以歐陽的姓氏筆劃為十六劃。（若無法整除，則以四捨五入取之）

※備註：請查閱附錄1「姓氏配對人格、地格總筆劃靈動數表」

第二步：選擇姓氏所配對的總筆劃靈動數組合

例如：查閱「姓氏配對人格、地格總筆劃靈動數表」，你會看到，九筆劃裡面的姓氏總共會有十二個組合，而這十二個組合就是最適合你的姓氏的命名組合，你可以從中任意挑選一個組合來命名。

第一組9＋2＋4＝15　第二組9＋8＋7＝24　第三組9＋9＋6＝24
第四組9＋2＋14＝25　第五組9＋9＋7＝25　第六組9＋12＋4＝25
第七組9＋6＋17＝32　第八組9＋7＋16＝32　第九組9＋17＋6＝32
第十組9＋12＋20＝41　第十一組9＋20＋12＝41　第十二組9＋22＋10＝41

第三步：了解每個組合裡面數字的意義

例如：你選擇「第一組9＋2＋4＝15」

9就是你的姓氏筆劃，也就是天格
2就是人格筆劃
4就是地格筆劃
15就是天格、人格、地格加起來的總格筆劃數

第四步：了解命名規則

例如：你選擇第一組，那就是代表你的名字總筆劃數加起來是十五劃；也就是柯姓是九劃已經是固定不能變的，而你的名字的第二個字要選二筆劃的字，第三個字要選四筆劃的字。

有一些人會問說：「老師，反正總筆劃數加起來是十五劃，那我可以把第二個字變四劃，而第三個字變二劃嗎？」答案是不行的，因為這樣會把人格、地格顛倒，這一點千萬要注意喔。

在什麼情形下，第二、第三個字可以互調呢？

除非你選擇第七組9＋6＋17＝32，因為第七組跟第九組9＋17＋6＝32這兩個組合剛好第二個字跟第三個字可以互相對調。除非有這種組合出現，否則是不能任意對調的。

第五步：決定組合

如果以上的規則都已經清楚了，那你就可以正式選擇其中一種組合來作為命名的基礎了。至於總格筆劃數的意義，可以參考後面附錄2的「名字總格筆劃靈動數解說」。

第六步：最後請神明挑選一個

我在幫信徒命名的時候，都會幫信徒多取幾個名字，然後信徒自行挑選幾個之後，再建議信徒把這些名字拿去大廟請示神明，讓神明從中挑選一個，這是我幫信徒命名的習慣性。為什麼要這麼做呢？因為神五分、人五分，讓神明做最後的決定，總是讓我們比較安心。

除此之外，這種做法也可避免以後又有人對你說你這個名字不好，畢竟這個名字是最後經過神明所決定的，自己的心也比較能夠「堅定」，比較不會又發生名字一改再改的情況。

實際命名教學範例

以「第一組9＋2＋4＝15」為例說明。

總比劃15劃之意義：福壽拱照，立身興家數

這是非常榮吉之數，財子壽俱全，為人秉性溫和恭謙，能受上位的提攜拔擢，得以立身成業，也有高德望。所獲榮華富貴並得惠及子孫，是難得的善德大吉昌榮之運數。

姓：柯

第二個字人格是2筆劃的字有：乃、人、力、又……。

第三個字地格是4筆劃的字有：丹、予、云、介、仁……。

可以命名為：柯又云、柯乃仁、柯力予、柯人介……等。

最後點香向神明稟報：

「奉請宗天宮天上聖母列位眾神，弟子ＸＸＸ，出生於ＸＸＸ，家住ＸＸＸＸＸＸＸ。今日弟子因為想要改名，所以祈求宗天宮媽祖幫忙。

弟子所選的總格筆劃是15畫：

柯姓天格是9筆劃，第二個字人格是2筆劃，第三個字地格是4筆劃，名字有柯又云、柯乃仁、柯力予、柯人介等四個。

不知道哪一個名字對弟子最有幫助，想祈求媽祖幫弟子選擇一個，助弟子日後可以運勢、事業、感情皆能順遂。」

等過了四十分鐘之後再擲筊請示媽祖，以哪一個名字有三聖筊，就是最適合你的名字。用這個方法的好處是，由神明來做最後決定，最可以讓人放心，不會造成日後再讓自己的名字一換再換的困擾。

公司行號命名

如果要自行創業，要如何取一個適合且吉祥的公司行號呢？可以依照下列幾個步驟要領。

第一步：先決定公司是什麼樣的體制

由於公司的體制會影響總格筆劃，而取公司行號最注重的，正是總格筆劃，所以我們必須先將「公司行號體制」的筆劃先算出來。

所謂的「公司體制」，是指一般所稱的「股份有限公司」、「企業社」、「商行」，或如「撞球推廣中心」等。

例一，如果你的公司是屬於「╳╳股份有限公司」的話，請注意以下總格筆劃：

股10劃＋**份**6劃＋**有**6劃＋**限**14劃＋**公**4劃＋**司**5劃＝45劃。

例二，如果你的公司是屬於「╳╳企業社」的話，請注意以下總格筆劃：

企6劃＋**業**13劃＋**社**8劃＝27劃

第二步：決定公司的總格筆劃

假設你的公司是「股份有限公司」，那麼「公司體制」就是45劃，接下來就可以參考書後所附「公司行號總格筆劃靈動數解說」，從中選擇並決定總筆劃。

第三步：選用公司名

如果公司行號總格筆劃靈動數要選用73劃，則73－45＝28。那麼，你前面的公司名字加起來只能是28劃。亦即，第一個字跟第二個字都可以是14劃的字，或者第一個字是18劃、第二個字是10劃，以此類推。

如果第一個字是18筆劃，可選字有：曜、濟、濤、璨……。第二個字是10筆劃，可選字有：倢、修、原、城、展……。可以命名為：曜原、濟倢、濤城、璨修……等。

如果公司名字想取三個字，則一樣三個字的筆劃總數必須是28劃。

第四步：最後請神明挑選一個

與個人取名一樣，建議信徒把所選取的名字拿去大廟請示神明，讓神明從中挑選一個，請神明幫忙做最後的決定。

結語 觀念通最重要

《解夢經典》這本書，我期盼大家看到最後會覺得意猶未盡且欲罷不能，因為我知道，大家還想要多學習一些夢境成分所代表的含意，以及這個含意是神明想要告訴我們什麼。我相信，這是絕大部分讀者意猶未盡的主要原因。

說實在的，閉關時神明教我的夢境成分與解夢技巧，不只有書上寫的這些，書上寫的這二十五個夢境成分，只是神明所教的十分之一，剩下百分之九十的夢境成分，將來大家如果還有興趣想學的話，我還是非常樂意再出一本《解夢經典》的續集，讓大家把解夢學得更完整一點。

「學習，首重在於觀念要通，觀念通則能舉一反三，變化無窮」，天下萬物都有可能成為夢境成分，但是又不太可能把天下萬物全部都寫在一本書裡面。所以，最好的辦法，就是先教會大家解夢技巧的「觀念」；先讓大家觀念通，只要解夢觀念一通，就算是遇到書中沒有寫到的夢境成分，你也可以輕而易舉的知道這個夢境所代表的含意是什麼？神明又要藉由這個含意告訴你什麼？這就是這本《解夢經典》的精髓以及價值所在。

什麼叫「觀念通了就能舉一反三，變化無窮」呢？我舉個例子，曾經有位年約四十歲的男信徒來問婚姻，但一連問了二十幾分鐘，神明都沒有做出任何指示，就連籤詩也沒有要給這位信徒，最後宗天宮媽祖只有指示一個答案：「三天內會給這位信徒託夢，如果有夢到再來請示。」

就在這位信徒回去的第二天晚上，真的做了一個夢，他夢到：

他在宗天宮擲筊問婚姻，可是一直問都沒有三個聖筊。最後神明指示要賜籤詩給這位信徒，才有三個聖筊。當他從籤筒抽出第一支竹籤時，這支竹籤忽然斷成二截，一截手拿著，另一截掉在地上。這位信徒蹲下去撿起另一截竹籤時，一看，發現這支籤是「丙申」籤。

當這位信徒去籤詩處拿一張「丙申」籤在看的時候，忽然走過來一位婦人，問這位信徒：「你看得懂這張籤詩的含意嗎？」他回答：「我看不懂。」

這位婦人就拿了一支竹筍給這位信徒，並且對他說：「你再去找王老師，把你做的這個夢境告訴他，順便把斷二截的竹籤、竹筍、丙申籤一起拿給王老師，王老師就會告訴你為什麼你會一直沒有姻緣。」

隔一個禮拜，當這位信徒回診並告訴我這個夢境時，當下我全明白了，我更明白神明要表達什麼意思，也很佩服神明的智慧。

但是，在我解這位信徒的夢之前，我要告訴大家一件事。竹籤斷二截、夢到丙申籤、竹筍，這些都是這本《解夢經典》裡面二十五個夢境成分沒有講到的。所以，這個案件可以說是完全在考驗一個問事人員的功力。再講得深入一點，一位頂尖的問事人員能不能完全把「神意」給表達出來，解夢功力扮演著很關鍵的角色，而解夢功力要深厚，完全決定在：「你的解夢觀念通了沒？」當大家把這個案例看完，也許功力又可以提升許多。

夢境解析

神明曾經教過我，如果有夢到竹子，除了要注意竹子的天性、本性（松、竹、梅，歲寒三友，代表著在艱困的環境中，仍然有堅忍不拔的精神）重點以外，另一個要注意的重點是，「竹」的發音跟「德」同音，也就是神明在講這個人的「德行、品德」。

請注意，竹籤是竹子所做的，這位信徒在夢中所抽的竹籤斷成二截，就代表他的德行、品德有問題，而這支斷成二截的籤詩是丙申籤，丙申籤的意思是在講一個人有一個舊習氣或舊毛病要改進。我們把這兩個夢境成分整合一下：

竹籤斷成二截（德行、品德有問題）＋丙申籤（舊毛病）＝具有一個品德與德行很不好的舊毛病。

接著，有一位婦人拿一支竹筍給這位信徒。這又是什麼意思呢？神明曾經教我竹筍的臺語發音跟「德損」一樣，也就是指這位信徒的舊毛病「有損道德」、「有損陰德」。所以，我們再一次整合一下就可以完全明白了：

案件的最後拼圖整合

原始案件：男信徒單身，要問姻緣時機。

竹籤斷成二截（德行、品德有問題）＋丙申籤（有一個舊毛病）＋竹筍（有損道德）＝這位男信徒一直沒有姻緣的主要原因，是因為他有一個品德與德行很不好的舊毛病，而這個舊毛病也已經有損道德、陰德了，所以導致他一直沒有姻緣。

我把整合後的案件輪廓再一次請示宗天宮媽祖：是不是這位信徒過去有做一些有損道德與陰德的事，才會導致現在沒有姻緣？

一問之下，叩叩叩立刻出現三個聖筊。

後來這位信徒才自己說出一段往事，原來這位信徒曾經是人蛇集團的首腦，曾經逼迫過非常多的女性淪落到賣淫的地步。

他當時有位女朋友，也幫這位信徒生下了一個兒子，當時肚子裡還懷著一個三個月大的胎兒。有一天，他的女朋友帶他兒子到越南渡假，卻不幸雙雙溺斃，魂斷越南，而無法回到臺灣，當時是這位信徒當人蛇集團首腦的第三年。或許這件事對他打擊很大，也或許覺得是自己的報應，便毅然決然結束了這個集團。

雖然結束了集團，但不管是運勢還是姻緣，到現在都還是非常不順。神明當然是慈悲的，最後也指點了這位信徒如何去行善、做功德，以彌補當時所犯下的過錯。

不過，我重述這件案子，並不是在強調這位信徒的後續發展如何，主要是要強調，雖然竹籤斷成二截、丙中籤、竹筍這三個夢境成分都沒有在這本《解夢經典》中出現過，但只要掌握了書中所教的解夢觀念、技巧，我絕對相信，你還是可以輕而易舉的把夢境精準的解出來。這也是這本《解夢經典》所要傳承給大家的一個觀念：「永遠不要依賴書，只要書中的觀念學通了，書中以外的『天下萬物』對你來講就不是問題了」。

一本初衷，自始至終

宗天宮的三大核心願景是「問事」、「教學」、「服務」。除了問事與服務以外，教學這個部分也是宗天宮天官紫微大帝與媽祖非常注重的一塊，因為：

第一、文字的敘述表達仍會有些不足之處，還是必須靠老師親自面授才會更清楚，學習者也比較容易聽得懂。因此，宗天宮將來若是興建完成後，第一件要做的事就是開班授課，把神明所教的一些問事、解夢、解籤技巧傳承給下一代，讓想問事卻又掛不到號的人也能夠幫助自己，達到自渡而後渡人的境界。

第二、宗教應該是要讓人安心、放心才對，而不是故弄玄虛，更不應該漫天開價，讓人心生恐懼、害怕，增加生活負擔。宗教如果讓人心生恐懼、害怕、增加生活負擔，就失去了宗教的本質。因此，宗天宮一定會秉持著天官紫微大帝與媽祖的教導，在傳導正信、正道、正覺的宗教信仰以外，問事與辦事也絕對不會向任何一位信徒開價半毛錢。

因為神明絕對是慈悲的，所以神明絕對不會對信徒開價，既然神明都不會對信徒開價了，那我們人更沒有資格對信徒開價，這就是宗天宮永遠不會改變的原則。

最後，希望藉由這本《解夢經典》在開啟大家對解夢的新視野外，更誠摯的邀請大家能夠一起加入宗天宮的興建行列，因為有您的支持與慷慨解囊，千千萬萬的黎民眾生都將有機會自渡，而後再渡人免於苦難之中。

附錄1

姓氏配對人格、地格總筆劃靈動數表

二筆劃姓氏

丁、卜、刀、匕、乃

第一組2＋4＋2＝8
第二組2＋1＋10＝13
第三組2＋9＋4＝15
第四組2＋3＋10＝15
第五組2＋3＋12＝17
第六組2＋4＋12＝18
第七組2＋11＋10＝23
第八組2＋9＋14＝25
第九組2＋19＋4＝25
第十組2＋13＋10＝25
第十一組2＋11＋20＝33
第十二組2＋19＋14＝35
第十三組2＋13＋24＝39
第十四組2＋14＋23＝39
第十五組2＋23＋14＝39

三筆劃姓氏

于、干、上、山

第一組3＋3＋2＝8
第二組3＋2＋6＝11
第三組3＋3＋5＝11
第四組3＋8＋5＝16
第五組3＋3＋12＝18
第六組3＋13＋2＝18
第七組3＋3＋15＝21
第八組3＋12＋6＝21
第九組3＋13＋5＝21

第十組3＋10＋22＝35

第十一組3＋18＋14＝35

第十二組3＋20＋12＝35

第十三組3＋22＋23＝48

四筆劃姓氏

王、方、尤、仇、戈、公、孔、文、卞、元、支、巴、牛、尹、毛

第一組4＋2＋5＝11

第二組4＋9＋2＝15

第三組4＋9＋4＝17

第四組4＋1＋16＝21

第五組4＋2＋15＝21

第六組4＋9＋22＝35

第七組4＋19＋12＝35

第八組4＋11＋22＝37

第九組4＋19＋14＝37

第十組4＋20＋15＝39

第十一組4＋21＋16＝41

五筆劃姓氏

包、石、皮、古、卯、巧、右、丘、史、白、申、田、平、左、冉、甘

第一組5＋2＋4＝11

第二組5＋1＋7＝13

第三組5＋8＋5＝18

第四組5＋2＋14＝21

第五組5＋12＋4＝21

第六組5＋11＋7＝23

第七組5＋18＋14＝37

第八組5＋8＋24＝37

六筆劃姓氏

朱、任、伊、安、米、伏、羊、全、戎、牟、后、百、仲、再、同、危、吉、年、向、伍

第一組6＋9＋6＝21　第二組6＋10＋5＝21　第三組6＋10＋7＝23

第四組6＋10＋15＝31　第五組6＋9＋16＝31　第六組6＋19＋6＝31

第七組6＋10＋23＝39　第八組6＋9＋24＝39　第九組6＋19＋14＝39

第十組6＋19＋16＝41

七筆劃姓氏

谷、池、利、岑、李、杜、宰、余、車、巫、成、宋、何、呂、江、吳

第一組7＋9＋7＝23　第二組7＋8＋10＝25　第三組7＋8＋16＝31

第四組7＋18＋6＝31　第五組7＋9＋16＝32　第六組7＋8＋17＝32

第七組7＋18＋7＝32

八筆劃姓氏

孟、宗、卓、宓、林、金、狄、屈、杭、牧、官、季、居、艾、盂、周、汪、岳、易、沈、武、

幸

第一組 8＋3＋2＝13
第二組 8＋8＋5＝21
第三組 8＋3＋12＝23
第四組 8＋8＋7＝23
第五組 8＋10＋5＝23
第六組 8＋13＋2＝23
第七組 8＋9＋7＝24
第八組 8＋7＋16＝31
第九組 8＋8＋15＝31
第十組 8＋7＋17＝32
第十一組 8＋8＋16＝32
第十二組 8＋3＋22＝33
第十三組 8＋8＋17＝33
第十四組 8＋9＋16＝33
第十五組 8＋10＋15＝33
第十六組 8＋13＋12＝33
第十七組 8＋24＋7＝39

九筆劃姓氏

段、柯、姚、風、紀、娍、查、柳、姜、韋、侯、施、柏、封、羿、秋、狐、咸、皇、姬、紅、柴、涂

第一組 9＋2＋4＝15
第二組 9＋8＋7＝24
第三組 9＋9＋6＝24
第四組 9＋2＋14＝25
第五組 9＋9＋7＝25
第六組 9＋12＋4＝25
第七組 9＋6＋17＝32
第八組 9＋7＋16＝32
第九組 9＋17＋6＝32
第十組 9＋12＋20＝41
第十一組 9＋20＋12＝41
第十二組 9＋22＋10＝41

十筆劃姓氏

孫、洪、花、席、馬、晉、浦、翁、夏、秦、倪、袁、唐、徐、高、凌、桂、祝、烏、班、宮、祖、貢、耿、芳、殷

第一組 10＋1＋4＝15
第二組 10＋3＋2＝15
第三組 10＋1＋5＝16
第四組 10＋3＋10＝23
第五組 10＋11＋2＝23
第六組 10＋3＋12＝25
第七組 10＋14＋7＝31
第八組 10＋11＋12＝33
第九組 10＋13＋10＝33
第十組 10＋11＋14＝35
第十一組 10＋13＋12＝35
第十二組 10＋22＋7＝39
第十三組 10＋14＋17＝41
第十四組 10＋19＋12＝41
第十五組 10＋11＋24＝45
第十六組 10＋21＋14＝45

十一筆劃姓氏

張、許、康、商、范、苑、茅、涂、章、寇、尉、苗、崔、紫、梅、麥、粘、胡、梁、曹

第一組 11＋2＋4＝17
第二組 11＋2＋22＝35
第三組 11＋10＋14＝35
第四組 11＋12＋12＝35
第五組 11＋20＋4＝35
第六組 11＋22＋2＝35
第七組 11＋18＋23＝52
第八組 11＋21＋20＝52

十二筆劃姓氏

辜、馮、斐、邱、曾、邵、賀、傅、童、程、黃、彭、盛、喬、閔、雲、焦、費、喻、項、富

第一組12＋3＋2＝17
第二組12＋1＋10＝23
第三組12＋3＋10＝25
第四組12＋9＋4＝25
第五組12＋9＋12＝33
第六組12＋11＋10＝33
第七組12＋3＋20＝35
第八組12＋9＋14＝35
第九組12＋13＋10＝35
第十組12＋19＋4＝35
第十一組12＋11＋14＝37
第十二組12＋13＋12＝37
第十三組12＋19＋14＝45
第十四組12＋13＋22＝47
第十五組12＋23＋22＝57

十三筆劃姓氏

楊、湯、詹、莊、解、雍、農、楚、莫、裘、塗、湛、游、路、雷、賈、廉、虞

第一組13＋3＋2＝18
第二組13＋3＋5＝21
第三組13＋2＋16＝31
第四組13＋3＋15＝31
第五組13＋12＋6＝31
第六組13＋8＋16＝37
第七組13＋12＋12＝37
第八組13＋18＋6＝37
第九組13＋8＋24＝45
第十組13＋10＋22＝45
第十一組13＋18＋14＝45
第十二組13＋12＋23＝48
第十三組13＋18＋17＝48

十四筆劃姓氏

溫、壽、連、華、郝、廖、臧、齊、超、熊、管、郎

第一組 14＋1＋6＝21　第二組 14＋1＋16＝31　第三組 14＋11＋6＝31

第四組 14＋1＋17＝32　第五組 14＋11＋7＝32　第六組 14＋9＋12＝35

第七組 14＋19＋2＝35　第八組 14＋11＋12＝37　第九組 14＋21＋2＝37

第十組 14＋10＋15＝39　第十一組 14＋9＋22＝45　第十二組 14＋19＋12＝45

十五筆劃姓氏

郭、葉、劉、歐、樂、萬、董、葛、談、厲、褚、閭、黎

第一組 15＋2＋4＝21　第二組 15＋2＋14＝31　第三組 15＋9＋7＝31

第四組 15＋10＋7＝32　第五組 15＋9＋15＝39　第六組 15＋10＋14＝39

第七組 15＋20＋4＝39　第八組 15＋8＋24＝47　第九組 15＋9＋23＝47

第十組 15＋18＋14＝47　第十一組 15＋20＋17＝52

十六筆劃姓氏

潘、盧、賴、陳、霍、龍、駱、錢、穆、陸、魯、鮑、諸、蓋、陶、閻、蒲、衛

第一組 16＋9＋6＝31

第二組 16＋9＋7＝32

第三組 16＋13＋4＝33

第四組 16＋9＋14＝39

第五組 16＋19＋4＝39

第六組 16＋9＋16＝41

第七組 16＋19＋6＝41

十七筆劃姓氏

韓、蔣、蔡、鄒、陽、館、謝、應、隆、鍾、鄔、蔚

第一組 17＋8＋7＝32

第二組 17＋8＋10＝35

第三組 17＋12＋6＝35

第四組 17＋8＋16＝41

第五組 17＋18＋6＝41

第六組 17＋18＋17＝52

十八筆劃姓氏

簡、戴、顏、魏、聶、闕、儲、豐、鄢

第一組 18＋3＋2＝23

第二組 18＋7＋6＝31

第三組 18＋3＋12＝33

第四組 18＋13＋2＝33

第五組 18＋11＋6＝35

第六組 18＋11＋10＝39

第七組 18＋14＋7＝39

第八組 18＋7＋16＝41

第九組 18＋14＋15＝47

第十組 18＋19＋10＝47

十九筆劃姓氏

龐、鄭、鄧、蕭、薛、關、譚、薄

第一組 19＋2＋4＝25
第二組 19＋6＋7＝32
第三組 19＋2＋14＝35
第四組 19＋12＋4＝35
第五組 19＋12＋17＝48
第六組 19＋13＋16＝48
第七組 19＋16＋17＝52
第八組 19＋18＋20＝57
第九組 19＋28＋10＝57

二十筆劃姓氏

鐘、藍、嚴、羅、釋

第一組 20＋4＋7＝31
第二組 20＋3＋10＝33
第三組 20＋13＋2＝35
第四組 20＋4＋17＝41
第五組 20＋3＋22＝45
第六組 20＋13＋12＝45

二十一筆劃姓氏

顧、饒、瓏、巍

第一組21+2+14=37
第二組21+12+4=37
第三組21+2+22=45
第四組21+12+12=45
第五組21+20+4=45
第六組21+11+20=52

二十二筆劃姓氏

蘇、權、龔、檥

第一組22+9+4=35
第二組22+3+12=37
第三組22+3+14=39
第四組22+13+4=39
第五組22+9+14=45
第六組22+19+4=45
第七組22+3+22=47
第八組22+9+16=47
第九組22+10+15=47
第十組22+13+12=47
第十一組22+13+22=57

二十三筆劃姓氏

蘭、欒

第一組23+2+14=39
第二組23+12+4=39
第三組23+2+16=41
第四組23+12+6=41
第五組23+8+16=47
第六組23+12+12=47
第七組23+18+6=47

姓名總格筆劃靈動數解說

一劃（一元復始，太極首領數）

天地萬物從此開始出現生機的現象，就像太陽從東邊開始升起，即將照亮大地之景，此數亦有富貴、福祿、長壽、名譽之靈動氣運。然而，此筆劃為極吉祥之數，一般人如用此數，要注意本身是否有相當的福報相呼應。

二劃（渾沌未定，分離破壞數）

這是大凶大惡之數，是三才渾沌未分之氣象，沒有獨立自主的氣魄，常失卻進退的決斷力。一生有如浮萍般飄動未定，多遭遇苦難，身體病弱，生活常變動，是短命之數，但如果能將心安靜，並與好數格之同伴相處，可免致夭折。

三劃（進取如意，增進繁榮數）

這是進取之數，天地陰陽融合，萬物俱已確定成形。此數為名利之表徵，有天賦的富貴，並得以高揚名聲，且有子孫之福。行事智慧敏達，為人心廣體胖，具領導才能，能建設偉大的事業，有前途無限吉祥之運勢。

四劃（朔體凶變，萬事休止數）

此數為凶變之相，稍稍欠缺發達的精神，凡事均不俱全，有自我毀滅之兆。身體病弱，容易夭折、變死，或遭刺激而發狂發浪，是最具破滅之凶兆，或因遭遇大困難而有大辛苦，或招致災禍而成殘缺之人。

五劃（福祿壽長，福德集門數）

此數具陰陽和合之象，是家庭和順、榮昌瑞祥之數。精神清明暢快，性情溫和敏慧，身體健康長壽，能受到長輩的寵愛，也能受平、晚輩的敬愛，凡事無所不至，能興榮祖業之德，外出他鄉亦可成家復興，有富貴榮達、一舉成名之福運。本性如能再富有道德心，再樂善好施，更會為有福德之人。

六劃（安穩餘慶，吉人天相數）

此為各種福氣財寶自來之大吉祥數，能興旺家庭、成就事業，有大富或聲譽的運命。但如果本身的作為未能配合，唯恐造成個人意志不堅固，無法享受此天賦幸福也，但也不至於遭受大挫敗，一生都能安穩餘慶。

七劃（剛毅果斷，全般整理數）

此為剛毅之數，但唯恐性情過於剛毅，對內對外失却親和感，而招致辛苦艱難之運。然而，緣於旺盛之精力，遇有挫折，多能重振精神，加倍努力，進而排除萬難，獲得大成功。女性有此數者，難免會有男性化之傾向，需注意謹慎保有溫和德行，才能蒙吉星照耀，而無過失。

八劃（意志剛堅，勤勉發展數）

此數有堅固的意志，忍耐力強，無論何事，若能貫徹善惡之志，循善漸進而勇往向前，必可排除萬難，最終達致成功，但如果因其他運勢配合不好，或有遭遇厄患的可能。

九劃（吉盡凶始，窮乏困苦數）

這是由盛轉敗之數，為一大凶數。多有陷入窮逆慘淡、悲苦病弱、遭遇災害之運，不然就是短命夭折，甚至遭遇刑罰、禍厄，主運有此數者，凶莫大焉，即使能避免災害，也難免會有喪偶、缺子息之嘆。但是，也有特出的怪傑或富翁，是出自此數。

十劃（萬事終局，充滿損耗數）

此為萬事終局之運數，所有盡皆虛空，萬事萬物不復生機，凶惡更甚於九數。多數出於家破人窮之戶，一生苦楚辛酸，前途暗淡，很難有光明出路。此運數大多空乏氣力，屢做屢敗，終致家破財散，眷屬分離，陷於困苦，或病弱罹患，遭難刑罰等惡運。命裡三才配合不宜者，大多中年前後即有死劫，但千萬人中亦有一二例外者，能絕處逢生，獲最後成功。

十一劃（挽轉家運，春陽成育數）

此數有陰陽重新和合，享天賦優越條件之象，就像草木接受春光，細芽蒙沾慈雨，得以生長枝葉而漸漸榮華繁茂，運勢可循序漸進，隱健踏實，得孚眾望，是大發達富榮之數，也有再興家運之格。

十二劃（意志薄弱，家庭寂寞數）

此數具屈曲難伸之凶象，為人多意志薄弱，難成全事業，若不能安分守己，固執躁進，便易招致失敗，中年至晚年更應謹慎，否則易淪陷逆境。凡帶此數者，大多與親人緣薄，生命孤獨，橫遭苦境，或者放縱慾望而致病弱，甚至夭折，若能自度其力，節制自重，則不會落於此境界。

十三劃（智略超群，智略成功數）

此數博學多才，富有謀略，多能堅忍，善理事務，偶爾遇有艱難，也能不顯於外，並可機巧措置處理，而獲大成功，得享富貴榮華。但是，也有過於自信，任性處事，而失去吉運的機會，養子多屬此數運。

十四劃（淚落天涯，失意煩悶數）

此數具沉淪不起之象，家族親人緣分淺薄，命裡缺子，兄弟姐妹四處離散，難有天倫之樂。凡事作為均不如意，一生多辛酸黯淡，常遭險厄危難，工作多勞而無功，但生活不虛浮誇飾，行事誠實以對，若能節儉度日，雖無吉豐，也可化凶為平常，但如果其他命格配合不宜，則有短命、刑罰之劫，甚至死無喪身之地。

十五劃（福壽拱照，立身興家數）

這是非常榮吉之數，財子壽俱全，為人秉性溫和恭謙，能受上位的提攜拔擢，得以立身成業，也有高德望。所獲榮華富貴並得惠及子孫，是難得的善德大吉昌榮之運數。

十六劃（貴人得助，天乙貴人數）

此數之人可同化眾人，而能成為首領。有雅量，性厚重，得集名望於一身，並獲大家的尊崇，是成就大事業，顯達富貴之運數，但是，切忌倨傲自滿。

十七劃（突破萬難，剛柔兼備數）

雖有權威，但頗固執。性格欠缺包容力，雖然明白自己的不是，卻無法改正錯失，並接納他人意見，因而難免有失人心。如果能夠自我改善缺失，以其堅定的意志，及突破萬難的氣魄，定可獲得大成功。否則，有可能隨時招致失敗，或其他災厄。女性有此數者，容易流於男性化的性格，需能涵養女性柔軟的品格。性格存養溫和者，福祿自然相隨。

十八劃（有志竟成，內外有運數）

這是有威望勢力的吉祥之數，因為意志堅定，能排除障礙，克服難關，所以凡志願之事，或計畫事業，大多都能達成目標，贏得名聲利益。然而，自尊心過強，缺乏包容力，恐怕因堅剛太過而引發非難，宜涵養懷柔德行，切勿衝動冒險，凡事須三思而後行，才可萬無一失，得到最後成功。

十九劃（風雲蔽月，辛苦重來數）

此是大凶之數，雖有智能足以建立大事業，並有獲得名利之實力，但命途多有障礙挫折而致失意，多數是因內外不和所致。此數有自幼喪失雙親之徵兆，一生困難艱辛，欠缺貴人相助，中年以後恐因受挫而致精神有異狀，或遭孤寡、殺傷、刑罰，與妻子別離之非難，所以是短命之數也。但此數也希罕地有富翁或異常人出現。

二十劃（非業破運，空虛二重數）

此為破裂之凶數，屬短命、事業無成之命。多遇困難或阻障而難順遂志業，一生常受折磨不得順利，多有不平靜之兆，家宅人口亦不安寧，男女喪偶，體弱多病，家破別親，哀嘆子女不幸，家計陷於苦境，全是大不幸之運。然而，如果能從小能鍛鍊忍耐力，培養精力，凡事謹慎小心，多儲錢財以備晚年，亦可不致過於慘絕，但主運有此數者，則慘淡無復生也。

二十一劃（明月光照，質實剛健數）

此數具含苞待放之徵象，有萬事萬物已確立成形之勢，就像梅花經霜雪後，綻放美麗，受人讚賞。所以，命有此數者，多具備獨立堅忍之精神，即使人生路途多有困難，但只要遂步踏實前進，定可成家立業。此數亦有受人尊養的首領之格。但女性有此數反為不吉，因受先天女從男之約束，所以女有此數，則為妻凌夫之格，自然夫妻不和睦，若再嚴重者，則不是夫剋妻，就是妻剋夫，如兩虎相鬥，最後必有一傷。

二十二劃（秋草逢霜，兩士鬥爭數）

有此數者凡事不能如意，就像秋天草木遭逢霜雪般，常受困難挫折，不僅身世凋零，晚景更加淒涼。此數主身體衰弱，多有疾病、心神過勞之憂，常陷於孤獨境遇。

二十三劃（旭日東昇，發育茂盛數）

此數具旭日東昇之象，氣勢恢弘壯麗，縱然出身貧賤之家，也能逐漸進展，而至昌榮發達。命有此數者明朗活潑，情感銳利，做事敏捷，有克服所有艱難的精氣，能成就大志業。但女性有此數者，其缺失同二十一數，即女性主運或他格有此數者，難免孤獨零落。

二十四劃（祖宗餘慶，收實豐饒數）

此數常有艱難困苦的境遇，然而主運者多具備才智謀略，正可克服種種難關，達成志願，或可白手成家立業，盡顯榮華富貴。有此數者，主有參謀才能及發明智力，老年更見風采，吉祥餘慶普及子孫輩。

二十五劃（資性英敏，言語犀利數）

稟賦資質敏銳，有奇才妙能，是可獲大功之運數。然而，因性情多有偏執，言語多帶諷刺或有癖性，容易與人衝突不和，釀成弊害，進而影響個人在社會上的信用，妨礙處事，如能涵養溫和，或可成功。

所以，這是容易弄吉反凶之數，必須謹慎小心。

二十六劃（變怪異奇，希望遲成數）

這是艱難纏身的凶數，有此數者天資秉賦聰穎，富有義俠精神，縱然面臨萬難，亦能起死而活。因命運多變動，一生風波不息，中年更迭遭挫折，但如果能有堅忍不拔的精神，奮進努力，最後也能有大收獲，如果能力不足，意志衰頹，則將永墮沉淪，更嚴重者，家破人亡，陷於孤苦之慘境。

另有他格配合，或耽於放逸淫亂，則短命刑死，無親眷之緣，尅子，一生均不得順遂。但也有不錯的怪傑、烈士、偉人、孝子等異常之人，是出於本數者。

二十七劃（欲望無止，不意挫折數）

此為中吉之數，有此數之人多早熟，發育良好，中壯年時事業可發達，但自我好勝心過強，所以容易遭受誹謗攻擊，以致中途遭折，至老年都難再興盛。但如果能躬身自省，竭誠和實地接人待物，不釀成內外的非難，則可避免失敗而得富榮。然而，因與他格配合關係，或有可能因失言而陷於刑罰、孤獨、橫死之險境。

二十八劃（自豪生離，死忠多險數）

此為遭難之數，行事作為有豪傑氣慨，但看似毫無顧忌的作風，難免易讓人心生誤會或反感，而招致排斥責難，如果心不向正道前進，必定遭陷於逆境之中，親族緣淺，遠走他鄉，夫妻生離，或有喪子、子孫遭逆之禍，終生備受痛苦磨難，或有結怨遭害之危。婦女有此數則多陷於孤苦無依之運。

二十九劃（慾望難足，企圖有功數）

此數具龍得風雲之象，為人才智兼備，有立大志、成大功之格。財力動力活絡，心性寬廣，慾望無盡，凡事上揚如飛龍乘雲之勢，可大獲成就，但常不知滿足，縱慾行事，反而可能弄巧成拙，以致不能收拾。女性有此數易流於男性化，多有猜疑妬忌之心，須謹慎小心。

三十劃（絕死逢生，運途分歧數）

此數有吉凶未定之象，時好時壞，成敗難分，如果能配得他運好，則可能有所成就，若配合為凶，則易沉陷失敗，為人亦意志不堅定，處事不細膩，最後終至大敗而無立錐之地，喪妻失子，陷於孤獨之境。此數之人一生難免會有一次冒險，也有於絕處逢生而獲成功者。

三十一劃（智勇得志，安全第一數）

此為高名富貴的大吉數，智仁勇兼備，為人有堅定意志，能衝破難關，建立聲譽與事業，有領導眾人的聲望，是能獲得名利幸福、富貴榮華的祥運。

三十二劃（僥倖所得，意外惠澤數）

此數如池中之龍待時運之勢，一旦風雲際會，便可一飛沖天。所以，為人應誠實懇切，努力認真，行事重責任，則可得貴人提拔，並能把握住機會，而終至大成功。但千萬不可違背眷顧之德愛，方能順利隆昌，成最大吉之數。

須注意，一般常人不堪承用此數，慎選之。

三十三劃（家門隆昌，威震天下數）

此為旭日東昇、家門隆昌之大吉數，為人才德兼備，具勇敢果決的精神，成就事業完全不懼任何艱險，是名利雙收、名震天下之命格。但性格過於武斷剛毅，反而容易誤事。

由於本運數過於珍貴，不是一般人所能堪當，所以建議不要輕易用之，女性尤其忌用，用則孤寡。

三十四劃（破家亡身，財命危險數）

此數具禍劫不斷的凶兆，一生艱困，苦難不絕，一旦凶煞臨頭，劫難接踵而來。帶此數者，多大凶難，有大辛苦，或有病弱短命、配偶喪失、子女離別、家破刑傷，殺伐發狂，是悲傷苦痛無限的大凶數，也被稱為孤苦貧賤之命格。

三十五劃（溫和平安，優雅發展數）

具平和之徵兆，為人有才智，擅於文學技藝，能靠個人的努力而獲成功，若想倚望他人提拔，則到老無成。

此數缺乏權威膽識謀略，故不足為首領之格，所以最宜保守。女性最適合此數，男性有此數則傾向消極性格，但如果三才良善者，得生權威，自然可逢大吉祥之命格。

三十六劃（風浪不靜，義俠薄運數）

這是喜出風頭數，前途迷茫，渾沌尋不出目標，為人好招搖，帶有義俠精神，一生好為人排憂解難，但自己的困苦艱難卻無法解開，如果能務實地生活，精神尚稱快活，否則多罹病症以致夭壽，事業可小作而有微利，作大則恐失利挫敗，與他運配合不好，厄難等將無所不至。

三十七劃（權威顯達，發展根本數）

天賦稟性溫和忠實，能獨立行動，有權威，具大德奏功之徵象。為人處事均得暢達無礙，能以德望取得眾人擁戴，篤行誠實，有始有終，具備克服困難，完成大志業之心志，經營事業多能逐步得利，得發達成功，享富貴極樂，但須注意涵養德行，以免失去了天賦的大德。

三十八劃（竟志薄弱，特有意義數）

這是平凡之數，很難能獲大成功，主要是意志稍薄弱，遇有挫折便往往放棄不顧，無法貫徹始終。在文藝方面會有相當成就，如果中途遭遇失意挫折，能重振精神，不屈不撓奮勇努力，獲得成功並不是不可能之事。

三十九劃（富貴榮華，三士同盟數）

此數有雲開見月之徵象，具富貴長壽、威權貴重之格。有此數之人，幼年時多有勞碌，然最終得撥雲見日，進入光明前程，以致事業發達，萬人尊仰，得榮華富貴，綿綿福祿，但尊貴至極中亦藏有悲慘兇象，所以切勿輕用此數。

女性有此數者，必陷於孤寡之境。

四十劃（謹慎保安，豪胆邁進數）

智謀不凡，膽色亦過人，但有態度傲慢之失，以致易受抨擊，缺乏眾望，具冒險投機之心，於是，若自恃傲強而孤意行事者，則易陷於失敗遭難、刑傷短命運勢中，能謙沖虛懷處事者，才得發達平安。

四十一劃（德望高大，忠愛堅實數）

有才力、智力、膽力，德望兼備，是可獲致崇高聲譽的大吉數，若能一心向上，努力奮進者，則前途實在無可限量。

四十二劃（十藝不成，黑暗慘澹數）

為人智能聰明，多才多藝，但缺乏專心研究精神，以致十藝九不成。性格情感豐富，但意志薄弱，多帶幾分傷感氣息，如能專心一意努力進取，必可獲取相當成就，否則便遭失敗無成，中年後更陷於孤獨無靠之境。

四十三劃（雨夜之花，災害加重數）

此為虛飾之數，如雨夜花之徵象，雖具才能，並有一時成功，但因為過於耍弄權術，以致失去信用，而招致失敗，如果能一步步建立堅強基礎，充實內涵，便可有所成就，但仍常有凶兆逆境，災害不斷之事發生。

四十四劃（愁眉難展，悲哀續出數）

此為傾家蕩產之最凶數，隱有家破財散，暗淡悲苦之運。諸事不能如願，多逆境病苦等，若與他運配合關係，亦有發狂橫死等不幸之事。壯年或中年時或有一時的幸運，所以應於此時謹慎節儉，以備補濟淒涼的晚景。但也有不世出之怪傑、偉人、烈士、節婦等是出諸此數。

四十五劃（新生泰運，萬事解決數）

此數有順風揚帆之徵象，有震動天下、貫徹大業的大志大器，為人有治理之力、謀劃之智，一生中恐遭九死一生的大災難，但如果能衝破此關劫，便能一舉成功，名揚四海，得大榮大貴之運。與他運配合有凶數結合者，則有如失舵之船，四處飄浪，不知所終。

四十六劃（羅網繫身，離祖成家數）

有羅網之凶兆。一生困苦，意志薄弱，容易走入歧途，遭受囹圄監刑之苦，然而若能堅定志氣，感以仁義道德從事者，或能於災難過後而獲成功，但配合他運不好者，則陷於孤獨刑罰，病患短命等亦有之，浮浮沉沉，一生難有幸福。

四十七劃（開花結果，最大權威數）

此為豐衣足食之吉數，與他人合作可成就大業，進可取，退能守。乃大自在，能一家圓滿和樂，福祿永庇子孫之祥運也。

四十八劃（有德且智，顧問尊敬數）

有智謀，具德望，足可成為顧問之命格。可承受天賦的財富，威望亦能顯揚榮達，是為人師表的運數。

四十九劃（吉凶交叉，不斷辛苦數）

此數處於吉凶之交叉點上，偏吉則吉，遇凶則凶之數。從壯年到中年間，遇吉則生吉，但在此吉運中含有凶之預兆，中年後至晚年即變為凶，凶中生凶，易遭受損失災害，是否幸福全賴三才之配合，以及與他運的搭配，但多數是陷於失敗災禍中。

五十劃（成敗各半，吉凶參半數）

具一成一敗之象，如朝花夢露，雖曾一度榮達至極，但轉瞬間便又失敗零落，家破財散。所以，如於興盛時期不存戒心滿盈之理，最後定遭失敗而無存身之處，有遇凶數者，更有被殺傷、成孤寡、受刑罰之變動。

五十一劃（盛衰交加，天運享受數）

此為盛衰交相加之數，早年得享幸福及名利，但至於晚年卻落魄困苦，如果平時能謹慎自重不倨傲，或可保平安。

五十二劃（先見之明，理想實現數）

有一躍得志的徵象，能洞察機先，細察時事，並且有精煉才幹與堅定意志。具投機心，善於計畫謀略，別人認為艱難的事，卻覺得容易完成，所以能名利雙全，這都在於其精準的眼光，而致成功也。

五十三劃（心內憂愁，甘蔗好尾數）

有好運已近尾聲之兆，是家途運勢全盛期已過去，而災禍將臨之凶數。由外表看好像福祿盈門，但內在其實已多艱苦，一旦遭遇災禍，恐怕是家破人亡，財富蕩然無存之絕境，如果有他運吉數來彌補，補救也僅僅稍保安靜罷了。

五十四劃（多難非運，慘絕餓死數）

大凶惡的運數，多障礙，辛苦悽慘不斷，終至大失敗，此凶惡致不和損失、憂鬱煩悶、刑罰家破、病弱短命，或因環境刺激而死於非命，多稱此數為餓死之數，但前半世幸福者也是有的。

五十五劃（外美內苦，船舶登山數）

五是大吉數，五上加五，是吉數重疊，就像錦上添花一樣，但凡事至極必反，吉恐反為凶，所以此數由表面上來看，形勢頗昌隆，但其實早含辛酸，多有障礙，諸事皆不如意。然而，如果有不屈不撓的堅強意志，能忍受不幸災厄，或可於晚年突破難關走出亨泰之運。

五十六劃（暮日淒涼，周圍障害數）

此為事與願違、事業難成之數，為人缺乏勇氣與耐力，無甚進取之心，一旦遭致艱難挫折便頹喪不起，宜涵養精力與堅忍毅力，否則晚年運勢悲慘至極，家破財散，體弱多病，是孤苦無倚的大凶數。

五十七劃（寒雪青松，最大榮運數）

具雪中青松之徵象，為人性格剛毅有魄力，雖然在生涯中會遭遇一次大難，但之後即可榮達享受福祿，此數有繁榮之兆。

五十八劃（先苦後甘，寬宏揚名數）

一旦遭遇凶運便是家破財散的大難，但也必須經此災劫後，才得以再興事業，而致發達富貴，一生至晚年均得繁榮幸福，所以此數被稱蔗尾生甘之格。

五十九劃（無軸之輪，少果敢行數）

就像車輪失去中心軸核，為人缺乏勇氣，沒有主宰控制力，做事猶豫不決，無成事才能，一旦遭遇災難便無法再中興事業，此數是死於非命的大凶數。

六十劃（黑暗無光，福祿自失數）

如黑暗無一絲光明，心志搖擺不定，常常出爾反爾，難以定下目標，徒然增添損失，如果一開始就能對事業確立標的，或可有小成，否則一生毫無成就，徒陷於困苦煩悶、病弱短命、刑劫罪罰的大凶運中。

六十一劃（名利雙收，修練積德數）

此數具名利兩得、富貴繁榮的吉運，但為人心性恐傲慢不遜，終至內外人心不和，家庭風波不斷，兄弟鬩牆爭鬥，必須謹慎小心，涵養德行，否則無法防患於未然，凡事只要精細檢點，也可獲得一生幸福，得享上天所賦祥瑞。

六十二劃（基礎虛弱，艱難困厄數）

此數必須注重個人的信用基礎，致力於人和，否則家運會逐漸衰頹，艱辛苦難不斷，終而招致災禍，逐步邁向失意人生。

六十三劃（富貴榮達，共同親和數）

此數有萬物化育之吉兆徵象，不需勞費精神，即可諸事如意榮達，富貴及子孫，如果能憐恤救濟貧困，則更能延年益壽，福祿無窮。

六十四劃（骨肉分離，修身功果數）

這是浮沉不定的凶數，擔負著中興家業、延續香火的重責大任，多遭艱難困苦，加以家族內難安定平靜，有可能災禍臨身或骨肉離散，一生難得平安。

六十五劃（富貴長壽，公明正大數）

此為富貴長壽的吉祥之數，可得事業成功，榮享崇名高譽，家運昌隆，福祿滿堂，有祥貴的氣運。

六十六劃（內外不和，多慾失福數）

有進退無依的不吉之兆，對內對外均不協和，挫折艱難無法承受，損害災厄交加，以致破滅的悲慘境運。

六十七劃（利路亨通，萬商雲集數）

此為可白手成家的吉數，有獨立自主的才能，行事如意無礙，可獲建家立業達繁榮富足之象，所謂富貴自來，利路亨通。

六十八劃（興家立業，快活寬容數）

此數之人才智聰慧，意志堅強，善判是非，信實忠厚。得以發達開展家運，有發明機能，並獲眾望，是具備名副其實的祥運。

六十九劃（坐立難安，處世多難數）

此為不安定的凶數，屢屢陷於危險之境，體弱多病，頻遭挫折，以致精神異常，或有短命之象，是具動搖不靜凶運之數。

七十劃（廢物滅亡，家運衰退數）

此數為大出尋常的異端凶數，恐因貧困艱難而罹久病不起之重症，甚至殘廢而成聾啞盲目之不幸。

七十一劃（養神耐勞，正氣堂堂數）

此為自然成運的吉數，得享幸福安泰，可惜有精力神氣不繼的弱點，因而缺乏篤實力行的氣力與耐性，所以難以成就事業，而陷於無謂的勞力辛苦付出，如果能培養耐性與果敢勇氣，或尚能有成就。

七十二劃（未雨綢繆，萬難甘受數）

此數有陰雲密佈，天雨欲來之象，利祿到也禍臨頭，是苦樂雜集之兆運，多從艱困中獲得安逸，而於幸福中有苦痛，所以，若能在平時即多加留意，或可免於陷入困苦境地，此數之人大多是早年幸福而晚年艱辛，或是先歷苦楚而後人生甘甜。

七十三劃（志高力微，正義奮鬪數）

此數多圖靜逸，而無貫徹實行之力，徒然有高大志向，卻無成事之才能，然而，仍得享天賦，獲安逸祥禎之運。

七十四劃（沉淪逆境，秋葉落寞數）

此為多遭横逆之凶數，無智慧亦無才能，只能坐吃山空，逐漸衰頹退步，難以破困而生，一生沉淪逆境，徒然哀嘆命運。

七十五劃（守則可安，利害明弁數）

此數具保守安定之象，為人缺乏謀劃之能，容易受他人陷害，遭遇大挫敗，如果能獲得長輩上司的提拔，可達繁榮之景，可說無力主動，需被動地借他人之力，託他人之福，所謂宜守不宜攻也。

七十六劃（傾覆離散，抱負發現數）

此數有傾覆之凶兆，不止信譽地位不保，更可能家破財敗，骨肉分散，貧病交迫以致短壽，如墮苦海之悽慘，悲苦無盡。

七十七劃（樂極生悲，家庭有悅數）

此數吉凶參半，能享受先天福氣，但到中年陷落不幸之地，悲嘆哀戚不絕，反過來說，如果前半生遭遇悲慘，則後半生就有可能反為祥運。

七十八劃（晚境悽愴，功德光榮數）

雖是中吉之數，但凶運潛於其中，且影響不小，所以早、中年能有發達之運，或享富貴榮祿，但一到晚年，難免凋零如落葉枯衰，以致悲苦艱辛之境地。

七十九劃（挽回乏力，身邊困乏之數）

是有勇無謀之數，能伸不能屈，知進不知退，一旦遭遇困厄挫折，精神便大受打擊，而無力挽回頹勢，為人多疏忽事物，缺乏信用而無節操，所以難免遭受抨擊責難，而致慘敗之境。

八十劃（凶星入度，消極縮小數）

一生辛苦艱難不絕，終身多受挫折，以致體弱多病，或遭刑罰，有壽夭之兆，但如果能及早修善行德，或可保有小康之吉。

八十一劃（還元復始，積極盛大數）（與一劃相同）

此還元之數，吉祥至極，得名揚四海，富貴福祿厚重無比，佳運頻臨，是尊貴的大吉數。

八十二劃（與二劃相同）

八十三劃（與三劃相同）

八十四劃以後以此類推。

公司行號總格筆劃靈動數解說

一劃 大展鴻圖，信用得固，無遠弗屆，可獲成功。（吉）

二劃 根基不固，搖搖欲墜，一盛一衰，勞而無功。（凶）

三劃 根深蒂固，蒸蒸日上，如意吉祥，百事順遂。（吉）

四劃 坎坷前途，苦難折磨，非有毅力，難望成功。（凶）

五劃 陰陽和合，生意興隆，名利雙收，後福重重。（吉）

六劃 萬寶集門，天降幸運，立志奮發，得成大功。（吉）

七劃 獨營生意，和氣致祥，排除萬難，必獲成功。（吉）

八劃 努力發達，貫徹志望，不忘進退，可期成功。（吉）

九劃 雖抱奇才，有才無命，獨營無力，財利難望。（凶）

十劃 烏雲遮月，暗淡無光，空費心力，徒勞無功。（凶）

十一劃 草木逢春，枝葉沾露，穩健着實，必得人望。（吉）

十二劃 薄弱無力，孤立無援，外祥內苦，謀事難成。（凶）

十三劃 天賦吉運，能得人望，善用智慧，必獲成功。（吉）

十四劃 忍得苦難，必有後福，是成是敗，惟靠堅毅。（凶）

十五劃 謙恭做事，外得人和，大事成就，一門興隆。（吉）

十六劃 能獲眾望，成就大業，名利雙收，盟主四方。（吉）

十七劃 排除萬難，有貴人助，把握時機，可得成功。（吉）

十八劃 經商做事，順利昌隆，如能慎始，百事亨通。（吉）

十九劃 成功雖早，慎防虧空，內外不和，障礙重重。（凶）

二十劃 智高志大，歷盡艱難，焦心憂勞，進退兩難。（凶）

二十一劃 先歷困苦，後得幸福，霜雪梅花，春來怒放。（吉）

二十二劃 秋草逢霜，懷才不遇，憂愁怨苦，事不如意。（凶）

二十三劃 旭日昇天，名顯四方，漸次進展，終成大業。（吉）

二十四劃 錦繡前程，須靠自力，多用智謀，能奏大功。（吉）

二十五劃 天時地利，只欠人和，講信修睦，即可成功。（吉）

二十六劃 波瀾起伏，千變萬化，凌駕萬難，必可成功。（凶帶吉）

二十七劃 一成一敗，一盛一衰，惟靠謹慎，可守成功。（吉帶凶）

二十八劃 魚臨旱地，難逃惡運，此數大凶，不如更名。（凶）

二十九劃　如龍得雲，青雲直上，智謀奮進，才略奏功。（吉）

三十劃　吉凶參半，得失相伴，投機取巧，如賽一樣。（吉帶凶）

三十一劃　此數大吉，名利雙收，漸進向上，大業成就。（吉）

三十二劃　池中之龍，風雲際會，一躍上天，成功可望。（吉）

三十三劃　意氣用事，人何必失，如能慎始，必可昌隆。（吉）

三十四劃　災難不絕，難望成功，此數大凶，不如更名。（凶）

三十五劃　中吉之數，進退保守，生意安穩，成就普通。（吉）

三十六劃　波瀾重疊，常陷窮困，動不如靜，有才無命。（凶）

三十七劃　逢凶化吉，吉人天相，風調雨順，生意興隆。（吉）

三十八劃　名雖可得，利則難獲，藝界發展，可望成功。（凶帶吉）

三十九劃　雲開見月，雖有勞碌，光明坦途，指日可期。（吉）

四十劃　一盛一衰，浮沉不定，知難而退，自獲天佑。（吉帶凶）

四十一劃　天賦吉運，得望兼備，繼續努力，前途無限。（吉）

四十二劃　專業不專，十九不成，專心進取，可望成功。（吉帶凶）

四十三劃　雨夜之花，外祥內苦，忍耐自重，轉凶為吉。（吉帶凶）

四十四劃 雖用心計，事難遂願，貪功好進，必招失敗。（凶）

四十五劃 楊柳遇春，綠葉發枝，衝破難關，一舉成名。（吉）

四十六劃 坎坷不平，艱難重重，若無耐心，難望有成。（凶）

四十七劃 有貴人助，可成大業，雖遇不幸，浮沉不大。（吉）

四十八劃 美花豐實，鶴立雞群，名利俱全，繁榮富貴。（吉）

四十九劃 遇吉則吉，遇凶則凶，惟靠謹慎，逢凶化吉。（凶）

五十劃 吉凶互見，一成一敗，凶中有吉，吉中有凶。（吉帶凶）

五十一劃 一盛一衰，浮沉不常，自重自處，可保平安。（吉帶凶）

五十二劃 草木逢春，雨過天晴，渡過難關，即獲成功。（吉）

五十三劃 盛衰參半，外祥內苦，先吉後凶，先凶後吉。（吉帶凶）

五十四劃 雖傾全力，難望成功，此數大凶，最好改名。（凶）

五十五劃 外觀隆昌，內隱禍患，克服難關，開出泰運。（吉帶凶）

五十六劃 事與願違，終難成功，欲速不達，有始有終。（凶）

五十七劃 雖有困難，時來運轉，曠野枯草，春來花開。（凶帶吉）

五十八劃 半凶半吉，浮沉多端，始凶終吉，能保成功。（凶帶吉）

五十九劃　遇事猶疑，難望成事，大刀闊斧，始可有成。（凶）

六十劃　黑暗無光，心迷意亂，出爾反爾，難定方針。（凶）

六十一劃　雲遮半月，內隱風波，應自謹慎，始保平安。（吉帶凶）

六十二劃　煩悶懊惱，事業難展，自防災禍，始免困境。（凶）

六十三劃　萬物化育，繁榮之象，專心一意，必能成功。（吉）

六十四劃　見異思遷，十九不成，徒勞無功，不如更名。（凶）

六十五劃　吉運自來，能享盛名，把握機會，必獲成功。（吉）

六十六劃　黑夜漫長，進退維谷，內外不和，信用缺乏。（凶）

六十七劃　獨營事業，事事如意，功名成就，富貴自來。（吉）

六十八劃　思慮周詳，計劃力行，不失先機，可望成功。（吉）

六十九劃　動搖不安，常陷逆境，不得時運，難得利潤。（凶）

七十劃　慘淡經營，難免貧困，此數不吉，最好改名。（凶）

七十一劃　吉凶參半，惟賴勇氣，貫徹力行，始可成功。（吉帶凶）

七十二劃　利害混集，凶多吉少，得而復失，難以安順。（凶）

七十三劃　安樂自來，自然吉祥，力行不懈，終必成功。（吉）

七十四劃 利不及費，坐食山空，如無智謀，難望成功。（凶）

七十五劃 吉中帶凶，欲速不達，進不如守，可保安祥。（吉帶凶）

七十六劃 此數大凶，破產之象，宜速改名，以避厄運。（凶）

七十七劃 先苦後甘，先甘後苦，如能守成，不致失敗。（吉帶凶）

七十八劃 有得有失，華而不實，須防劫財，始保安順。（吉帶凶）

七十九劃 如走夜路，前途無光，希望不大，勞而無功。（凶）

八十劃 得而復失，枉費心機，守成無貪，可保安穩。（吉帶凶）

八十一劃 最吉之數，還本歸元，能得繁榮，發達成功。（吉）

命名字典——筆劃與五行屬性速查表

一劃之部

字	五行
一	土
乙	土

二劃之部

字	五行
二	土、火
乃	火
了	火
人	金
入	金、火
刀	火
力	火
七	金、水
卜	水
十	金
又	土
几	火、木
丁	火
七	火
八	水
九	火、木

三劃之部

字	五行
三	金
下	金、水
上	金
个	金
丸	土
久	火、木
乞	火、木
也	土
于	土
亡	水
土	火
土	金
口	木
夕	火、金
大	火
凡	水
刃	金
千	火
丈	火
女	火
子	火、金
寸	金
小	金
山	金
川	金
工	木
巳	火、土
己	火、金
已	木、木
巾	木
干	木
弓	木

四劃之部

字	五行
五	土、木
六	火
中	火
不	水
丑	火
之	火
丹	火
予	土
云	土
互	木、水
井	火、金
亢	木
介	火、木
仇	火、金
今	火、木
仍	金
仁	金
仂	火
什	金
允	土
元	土、木
內	火
公	木
切	金
分	水
匹	水
勿	水
化	水
午	土、木
升	金
卞	木
友	土
及	火、木
收	金
反	水
壬	金
太	火
天	火
夫	水
孔	木
少	金
尤	土
尹	土
屯	火
巴	水
幻	水
引	土
弔	火
心	金
戶	水
手	金
文	土、水
斗	火
斤	火、木

字	五行
方	水
旡	土 水
日	金 火
曰	土
月	土 木
木	水
欠	火 木
止	水 金
比	水
毛	水
氏	金
气	金 木
水	金
火	水
父	水
片	水
爪	金
牙	土
牛	土
犬	金 木
王	水 土
仆	土
仄	土
仈	水
兮	金 水
匀	土 木

五劃之部

字	五行
四	金
丘	金 木
且	金
世	金
丕	水
丙	水
主	金
丼	火
以	土
仔	火 土
仕	金
仙	金
他	火
代	火
仗	金
令	火
兄	金 水
冬	火
出	金
另	火
加	火 木
功	木
包	水
北	水
半	水
占	金
卯	水
右	土
可	木
句	木
叶	水
古	木
司	金
史	金
只	火
台	火
召	金
外	土
央	土
本	水
尻	木 金
尼	火
巧	木
巨	火 木
左	金
市	金
布	水
平	水
幼	土
弁	水
弘	水
弗	水
必	水
戊	土 木
扎	金
末	水
未	土 水
本	火
正	火 金
母	水
民	水
永	土
玄	水
玉	土 木
瓜	木
瓦	土
甘	木
生	金
用	土
田	火
由	土
甲	火 木
申	金
疋	水
白	水
皿	水
目	水
皮	水
矛	水 金
石	金
矢	金
穴	水
示	金
禾	水
立	火
宁	火
仟	火
妃	金 水
旦	火
札	金 火

六劃之部

字	五行
丞	金
亙	木 水

共	全	兆	先	光	兇	伃	伏	仲	任	伍	仰	休	伎	企	伉	价	伊	交	亘
木	金	火	金	木	金 水	土	水	金 火	火 金	土 木	土 木	金 水	火 木	金 木	木	火 木	土	火 木	木 金
回	因	吏	名	同	吐	后	向	吉	合	各	印	匠	匡	劣	劦	列	刑	冲	再
水	土	火 金	水	火	火	水	金 水	火 木	水	木	土	火 木	木	火	金 水	火	金 水	金 火	金
年	帆	屹	州	寺	存	字	守	安	宅	宇	妃	如	妁	好	多	夙	地	在	圭
火	水	火 木	火	金	金	金	金	土	金 火	土	水	金	火	水	火	金	火	金	水
灯	灰	汀	此	次	朵	朱	机	有	曲	旬	旨	旭	打	早	收	戎	戌	式	庄
火	水	火	金	金	火	火	木	土	火 木	金	火	金 水	火	金	金	金	金	金	金
臼	至	自	臣	肉	耳	而	考	老	羽	羊	糸	米	竹	份	仿	弛	百	牟	牝
火 木	火 木	火 金	金	金 火	土 火	土 金	木	火	土	土	金	水	火	水	水	火	水	水	水
伸	串	亡	七劃之部	朴	充	奸	㐻	仱	亥	西	衣	圳	行	血	虫	色	艮	舟	舌
金	金	金		水	火 金	火	火	火 木	水	金	土	火	金 水	金 水	土 火	金	木	金 火	金

位	似	伻	佛	伴	伯	佃	低	估	何	佚	佑	位	亨	些	況	作	佐	住	伺
土	土 金	水	水	水	水	火	火	木	水	水	土	土	木 水	火 金	金 水	火 金	金	火	金
君	吟	告	努	助	劫	利	別	判	初	伶	冷	冶	兵	免	里	兌	克	余	体
火 木	金 木	木	火	金	火 木	火	水	水	金	火	火	金 土	水	水	火	火	水	土	火
妙	妓	壯	坂	坊	呂	坐	均	坑	圻	妨	佋	妗	听	含	呈	吝	吹	吳	吾
水	火 木	金	水	水	火	金	火 木	木	火 木	水	金	火 木	金 木	木 水	金 火	火	金	土 木	土 木
忖	忍	志	役	形	弟	廷	弄	延	序	希	巫	岑	岐	尾	局	宋	完	宏	孝
金	金	火	土	金 水	火	火	土	土 土	火 金	水	水	金 木	火 木	水	火 木	金	土	水	金 水
呆	杜	杖	杞	村	束	杉	材	杏	杆	更	早	攻	改	攸	托	成	戒	我	忘
火 水	火	火	火 木	金	金	金	金	金 水	木	木	木	木	木	金	火	金	木	土 木	水
見	良	究	禿	秀	私	町	男	甫	玎	炙	汛	池	汐	汝	汗	永	每	步	李
火 木	火	火 木	火	金	火 金	火	火	水	火	火 木	水	火	金	火	木 水	火 木	水	水	火

字	五行
角	火木
言	金木
谷	木
豆	火
貝	水
赤	金火
足	火
身	金
車	木
辰	金
邑	金土
西	金土
巡	金
伽	木
妏	土水
妎	火
坍	火
妊	火
汎	水
妥	火
妤	水
酉	金
況	木
彤	火
甸	火
初	金
孚	水
求	火

八劃之部

字	五行
並	水
乳	金火
事	金
享	金水
京	火木
依	土
侑	土
佳	火木
佼	火木
侃	木
佶	火木
劼	火木
供	木
侍	金火
使	金
佽	金
侈	金
佻	火
佩	水
來	火
例	火
侄	木火
冽	火
函	木水
刻	木
剎	金
刺	火
制	火
到	火
效	金水
協	金水
卒	火木
卓	火
卦	木
兒	土金
兕	火
兩	火
其	火木
典	火
卷	木
取	金
受	金
叔	金
和	水水
周	火
味	土水
命	水
固	木
坤	木
坦	火木
坡	水
坱	土
坪	水
夜	土
坻	金火
坰	火木
奇	火木
奈	火
奉	水
姑	木
始	金
昕	金木
昀	木
狄	火
料	火
炘	金水
炊	金水
姊	火
妹	水
姓	金
妻	金
妾	金火
季	木
孤	木
孟	水
宜	金木
官	木
宗	火金
宙	火
定	火
宕	火
尚	金
居	火木
岡	木
岳	土木
岸	土木
岱	火
帖	火
帑	火
帛	水
岩	金木

房	所	盞	或	念	忠	忽	忻	炕	快	往	彼	徂	征	弦	府	店	底	庚	幸
水	金	金	水	火	火	木 水	金 水	水 木	木	土	水	金	火	金 水	水	火	火	木	金 水
旺	**明**	**旻**	**昔**	**昇**	**昌**	**昆**	**昏**	**昂**	**易**	**於**	**放**	**斧**	**政**	**宓**	**扶**	**抉**	**折**	**承**	**技**
土	水	水	金	金	金	木	水	土 木	土	土	水	水	金	水	水	木	火	金	木
沙	**決**	**汲**	**武**	**汰**	**欣**	**林**	**板**	**枚**	**杯**	**杷**	**東**	**杻**	**松**	**杵**	**枝**	**果**	**杭**	**朋**	**服**
金	火 木	火	土 水	火	金 水	火	水	水	水	水	火	火	金	火	火 木	木	水	水	水
直	**的**	**祀**	**知**	**玖**	**狃**	**牧**	**物**	**版**	**汾**	**炎**	**汪**	**沄**	**沇**	**沃**	**沐**	**沛**	**沖**	**沅**	**沈**
火	火	金	火	火 木	火	水	水	水	水	土	土	土	土	土	水	水	火	水 木	金
[illegible]	**姎**	**妿**	**侎**	**佺**	**青**	**兩**	**阜**	**門**	**長**	**采**	**虎**	**舍**	**肋**	**肌**	**糾**	**艿**	**穹**	**社**	**空**
土	土	火 木	水	金	金	土	水	水	火	金	水	金	火	木	火 木	金	木	金	木
亭	**九劃之部**	**侖**	**佰**	**昊**	**艾**	**杰**	**沁**	**宛**	**金**	**迪**	**秉**	**枋**	**柿**	**姍**	**妮**	**垂**	**雨**	**妽**	**亞**
火		火	水	木	土	火	火	水	火	火	水	水	金	金	火	金	土	金	土

冠	冒	俞	弟	侶	便	促	保	俗	俊	侵	俟	俄	係	俠	俚	俛	信	俋	亮
木	水	火 金	火	火	水	金	水	金	金	金	水	土 木	金 水	金 木	土 火	水	金	土	火
型	垠	垣	品	哉	哄	咸	叚	奏	厚	南	勇	勃	勉	勅	勁	則	前	削	剋
金 水	金 木	水	木	火 金	水	金 水	木	金	木 水	火	土	水	水	火	火 木	金 火	火	金	木
帝	巷	峙	屋	宜	室	客	娀	姿	姨	姣	姜	姸	姑	姬	姮	姻	威	契	奎
火	水	金	土	金	金	木	金 火	金	金 土	火 木	木	金 木	火 木	金 木	木 水	土	土	木	木
拜	怕	抱	拔	拓	招	怜	性	思	怠	怡	徇	律	待	後	彥	建	廻	度	幽
水	水	水	水	火	金	火	金	金	火	金 土	火 金	火	火	木 水	金 木	火 木	木 水	火	金 水
柑	枴	架	柚	赴	宦	宥	昧	昭	星	春	袒	是	昨	昺	昱	映	施	拇	故
木	木	木	金 火	水	木 水	金 土	水	火	金	金	金	金	金	水	水 土	土	金	水	木
注	河	沿	泳	油	段	韋	枰	柳	柄	柏	柱	染	柊	柘	柔	柵	柴	查	枸
火	木 水	土	土	土	火	土	水	火	水	水	火	金 火	金	金	金	金	金	金	木

沼 火金
況 木水
泉 火
泰 火
治 火
波 水
泡 水
泊 水
法 水
泗 土金
泫 金水
矩 火
炫 水
炭 火
炳 水
姚 火
帥 金
玫 水
烱 木
玠 火木

玩 土
炤 火
甚 金
畏 土
界 火木
烟 土
皆 火木
皇 木水
盈 土
盃 水
盆 水
看 木
相 金
省 金
眉 水
眇 水
砂 金
祈 火木
砥 火
科 木

秋 火
穿 金
突 火
竿 木
籾 金
糺 火木
紅 土水
紈 土
紂 土
約 土
罕 水
美 水
耐 火
耶 土
肝 木
肖 金
肘 火
肚 火
致 火
芋 土

芏 火
芎 木
芍 金
芃 土
芊 火
虹 水
衍 土
術 木
表 水
要 土
計 火木
訂 火
貞 火
軍 火木
首 金
酋 火土
酊 火
門 金
面 水
革 木

音 土
風 水
飛 水
食 火金
香 金水
羿 金木
奕 土
俐 火
泌 水
洞 火
泓 木
泛 水
泯 水
紀 火
玨 火
胤 金
扁 水
宣 金
政 金
重 金

十劃之部

乘 金
倩 火
倢 火
倬 金火
倠 金
倚 土木
倖 金水
倀 金火
倆 火
借 火
倒 火
候 水
倏 火
倓 火
值 火
俱 火木
倥 木
修 金
倉 火金

員	原	剖	剛	兼	倭	們	俵	倰	倌	倫	倔	倘	俯	倣	倍	俳	倜	俶	倅
土	水 木	水	木	木	水 土	水	水	金	木	火	火	火	水	水	水	水	火	金	火
宮	家	宴	孫	娜	娣	娟	娛	娓	娉	娥	夏	埂	埏	埋	城	圃	哲	唐	哥
木	火 木	土	金	火	火	土 木	土 木	木 水	水	土 木	金 水	木	金 土	水	金	水	火	火	木
恩	徒	徐	徑	座	庫	席	師	差	峰	峯	峻	峴	峪	峽	峨	展	射	容	宰
土	火	火	火	火 金	木	火 金	金	金	水	水	火	金 水	土	木	木 土	火	金	金 土	火 金
捞	拳	拮	拭	挌	括	扇	恂	恕	恝	息	恬	恪	恰	恔	恍	恣	恆	恢	恭
金	火 木	金	金	木	木	金	火	金	火 木	金	火 木	木	火 木	火 水	木 水	火	木 水	木 水	木
書	時	晈	晃	旂	旁	旅	料	挐	拱	挎	拽	拿	指	挂	拷	拾	持	按	挍
金	金	火 木	水	火	水	火	火	金	木	金	金	火	火	木	木	金	金	土	火 水
宸	殊	株	栗	桐	栓	栩	桃	案	桔	桎	栽	根	桂	桑	桓	格	朔	朕	校
金	金	金	火	火	金	金	火	土	火 木	金 火	金	木	木	土 金	木 水	木	金	金 火	火 木

炟	烈	烝	烘	烏	洱	洹	洌	洛	洪	洋	洗	津	洲	洒	洽	活	氣	殷	殉
木水	火	火	水	土	土火	木水	火	火	水	土	金	火	火	火	金水	木土	木	土	金
砥	砠	眠	真	益	倪	畝	畔	畜	珈	珉	珍	玲	玳	珀	珊	珂	狩	特	酒
火	金	水	火	土	木火	水	水	金火	火木	水	火	火	火	水	火金	木	金	火	火
秧	秘	租	秤	秩	秦	祖	祓	祏	祕	祝	祇	祚	祜	神	祠	祐	砲	破	砧
土	水	火金	金水	金火	火	水	水	金	水	金火	金火	火金	木	金	金	土	水	水	火
紾	素	納	紙	紖	紡	索	紘	級	紜	粉	笑	笈	笊	笏	竚	站	窋	窊	窈
火木	金	火	火	金土	水	金	水火	火木	土	水	金火	火木	金火	木水	火	金火	金火	土	火
肩	股	肴	育	耽	耿	耗	耕	耘	耄	者	翁	缺	純	料	紐	紝	紓	紗	紋
火木	木	金木	土	火	火木	水	木	土	水	火	土	火木	金	火	火	金火	金	金	水
花	芹	芥	芳	芬	芽	般	舫	航	臭	臬	肪	肸	肮	肭	肢	肱	肥	肺	肯
水	火木	木	水	水	土木	水	木水	木水	金	木	水	金水	木	火	金木	木水	水	水	木

芫 土木
芝 火
芙 水
芨 火木
芡 火木
芩 火木
芷 金火
芸 金土
茌 金土
虔 火木
蚊 水
蚌 水
衰 土
衿 火木
衾 火木
衽 金火
衲 火
衷 金火
袂 火木
記 火木

訓 金水
討 火
託 火
流 火
貢 木
財 金
起 木
軒 金土
酌 火
配 水
針 金火
釘 火
豹 水
釗 火
閃 水
隻 火
隼 火
馬 水
骨 木
高 木

鬼 木
挑 火
挈 火木
效 金木
敉 水
晏 土
迅 金
响 金水
訊 金
庭 火
能 火
躬 木
晟 金
凌 火
芮 金

十一劃之部

乾 木
偉 土
偕 木
偶 土木

偶 土木
健 火木
偟 木水
偈 火木
偲 火金
側 火金
停 火
偵 火
偪 水
偏 土
偓 土
凰 水
副 水
勘 木
勖 金木
動 火
務 水
區 火木
卿 火木
參 金

唯 水土
啓 木
商 金
唱 金火
問 水
國 木
基 木
堅 火木
堂 火
堀 火木
區 木
埜 土
堃 木
堆 火
培 水
埤 水
埼 木
域 土
執 金火
菫 火木

埋 火金
壺 木土
婚 水
婆 水
姘 水木
婦 水
寅 金土
寄 火木
宿 火金
寂 火
寇 木
密 水
尉 土
專 金
彬 水
御 土木
崩 水
崧 火金
崇 金
崙 火

悌	悅	悍	悟	徠	徘	徙	得	從	張	強	庸	康	庶	庵	帷	帳	帶	常	巢
火	土	木	土 木	火	水	金	火	火	火	木	土	木	金 火	土	土	火	火	金	金
既	旌	旋	斛	斜	斌	敏	敕	敗	敍	救	挪	挽	教	捕	挺	振	戚	悉	悠
火 木	水 金	火 金	木 水	金	水	水	火	水	土	火 木	火	水	火 木	水	火	火	金	火 金	金 土
梧	械	條	梗	望	朗	曹	曼	書	族	晜	晢	晨	晥	晡	晤	晚	晞	晦	晧
土 木	火 木	火	木	水	土 金	火 金	水	金 火	火 金	火	金	金	土	土 水	水 木	水	金	木 水	木
毬	毫	欷	欸	欲	梨	梩	梮	梱	梳	桶	楄	梃	梅	梁	梵	梶	梯	梢	梓
火 木	水	金 水	土	土	火	火	木	木	金	火	火	火	水	火	火	水	火	金	金
浮	浬	浤	浥	浦	浪	消	浿	涂	涇	涉	涓	涔	涕	涖	浩	浚	浙	浣	海
水	火	木 水	土	水	火	金	水	火	火 木	金	火 木	金 木	火	火	木	火	金 火	土	水
珮	珙	班	珪	珠	率	狶	狸	狼	狷	狹	牼	犀	牽	爽	烽	焉	焄	烺	浴
水	木	水	木	金 火	金 火	水	火	火	火 木	金 木	火 木	火 金	火 木	金	水	土	金 木	火	土

窓	秸	移	祥	祭	研	眸	眺	眷	眼	盔	盒	皎	畦	時	略	畢	產	瓶	珩
金	火 木	土	火 金	火	木	水	火	火 木	土 木	木 水	木 土	火 木	木	金	火	水	金	水	木 水
紫	細	紳	紘	紺	粔	粘	粕	粒	粗	符	笠	答	第	笱	笙	章	竟	娍	窕
火	金	金	金 水	木	火 木	火	水	火	火 金	水	火	火	火	火 金	金	火	火 木	金	火
胃	聊	邢	邦	邨	那	加	邠	翊	習	羞	罠	絥	紵	紹	絅	組	紬	累	終
土	火	金 水	水	火	火	火	水	金 火	火 金	金	水	火	金 火	金	火 木	火 金	金 火	火	金 火
苹	苦	苴	茂	苗	若	茅	茆	英	苑	范	船	舶	舷	胖	胞	胆	背	胎	胡
水	木	火	水	水	金	水	水	土	土	水	金	水	金 水	水	水	火	水	火	木 土
貫	貨	訝	訣	訟	訪	設	許	規	架	袋	被	袖	袒	袍	衒	術	處	芰	苟
水	水	金 木	木	金	水	金	金 木	木	火 木	火	水	火	火	金	木	金	金	水	木
崎	崑	將	麻	麥	鹿	鳥	魚	頂	頃	雪	閉	釣	野	迓	迎	近	赦	販	貴
火 木	木	金 火	水	水	火	水	土 水	火	木	火 金	水	火 木	土	金 木	金 木	火 木	金	水	木

崕 金木
偃 金
嵊 金
惣 水
掩 土火
替 火
雀 金火

十二劃之部

巽 金
扉 水
掬 火木
朝 火
弸 水
圍 土
帽 水
捥 土
授 金
期 火木
彗 木水
堪 木
幃 水土
捧 水
敞 金
朞 火木
彩 火金
堯 土木
幅 水
据 木
敢 木
棉 水
彪 水
場 火
幄 土
捲 木
散 金
棊 火木
彫 火
堤 火
幀 金火
捷 火
敝 水
棋 火木
婉 土
堡 水
冪 水
掌 金火
敦 火
棐 水
流 火
報 水
帮 水
掀 金水
斐 水
棖 金火
涎 金
富 水
弼 水
掟 火
斑 水
棹 金火
胥 金
寓 土木
復 水
掘 木
斯 金
椒 火
苓 火
尋 火
彭 水
掏 木
晴 火
椅 金土
阡 火
奠 火
循 金
掎 火木
景 火木
植 金
眾 金
尊 火
徨 木水
掍 木
晰 火
椎 金火
翌 金
嵒 木
徧 水
掔 火木
智 金火
棚 水
敖 土
嵎 土木
悲 水
掛 木
晾 火
棟 火
為 水
嵐 火
情 火
採 金
普 水
椀 土
崗 木
嵌 木
惇 火
掊 金
晶 火
椇 火木
崔 火
嵋 水
惠 木水
探 火
曾 火金
棠 火
笛 火
嵇 火木
惟 土
接 火
最 火金
棱 火

淅	涼	淳	涵	淵	液	涯	森	涮	涬	涪	殻	殺	殖	款	欽	棗	棘	棻	棧
火	火	金	木 水	土	金 土	金 木	金	金	金 水	水	木	金 木	金 火	木	火 木	金	火 木	水	金
焙	焞	焜	淺	深	淦	淨	淪	淝	淮	淀	淡	添	淼	淴	淶	混	清	淙	淘
火 水	火	木	火	金 火	木	火	火	水	木 水	火	火	火	水	水	火	木	火	金	火
理	琉	琅	琇	猗	猜	犇	犁	犉	掌	猛	牌	牋	焯	焦	焮	然	焱	焰	無
火	火	火	金	火 木	火 金	水	火	金	火	水	水	火	金 火	火	木 水	金	土	土	水
硬	短	盛	皖	皓	發	登	疏	疎	畱	畯	畬	異	番	畫	甥	現	珽	琁	球
金 木	火	金	木	木	水	火	火 金	金	火	火	土	金 土	水	木 土	金	金 水	火	金	火 木
筍	筒	答	策	筆	筐	筋	竦	童	竣	窗	窖	稍	稌	程	稅	稂	稀	硯	硝
火 金	火	火	火 金	水	木	火 木	火 金	火	火	金	木	金 火	火	火	金	火	金 木	金 木	金
羢	羠	翔	絮	統	絲	絨	給	絢	絜	結	粧	粥	粵	粢	粟	筏	筈	筇	等
火	土	火 金	火 金	火	火 金	火	火	金 木	金 木	火 木	金	金 水	土	火	金	水	木	木	火

茸	茵	荇	茶	茴	荔	茜	茗	荐	茺	荒	草	舜	舒	胴	脊	脈	脇	胸	翕
金 火	土	金 水	火	木 水	火 火	金	水	火	火	木 水	金	金	金	火	火 金	水	金 水	金 木	木

買	賀	貂	象	詞	評	証	診	註	觚	視	覃	裁	袷	街	衙	萶	蛤	蛙	茯
水	木 水	火	金	火 金	水	火	金 火	金 火	木	金	火	火 金	火 木	火 木	火	木	水	土	水

郃	邱	邵	邸	量	邯	逑	迫	迦	廸	辜	軸	軫	超	越	貸	買	賁	貼	貯
火	木 火	金 火	火	火	木	金	水	木 火	火	木	金 火	金 火	金 火	水	火	水	水	火	火

雲	雇	集	雅	雄	雁	阪	阬	阮	防	閏	閔	間	閑	閒	開	鈔	鈞	邲	邴
水	木	火	金 木	土	金 木	木	木	土 木	水	火	水	火 木	金 水	金 水	火	金	火 木	水	水

喬	喜	博	勞	勝	剩	剴	凱	傳	傑	黃	馭	馮	項	須	順	韌	雰	雱	雯
火 木	金 水	水	火	火	金	木	木	水	火 木	木	木	水	金 水	火 金	金	火	水	水	水

茲	詠	詔	絳	絡	媚	淇	淞	淆	媛	詒	茱	婷	茹	黑	黍	喨	喻	單	善
金	水	金	金	火	水	火	金	金	火 木	土	火	火	金	木 水	金	火	土 金	火	金

述 金
貫 木
費 水
貽 金
貿 水
創 金
忝 火
孳 金
紫 金
脂 金
閔 木
淑 金
焚 水
斌 水
推 火
傳 水
晴 火

十三劃之部

催 火金
傳 金
傭 水土
慟 火
僅 火木
剸 火木
勤 火木
勦 金
勢 金
募 水
勠 火
勣 金火
匯 火水
廑 火木
園 土
圓 土
塗 火
塊 木
奧 土
媼 土
媛 火木
寖 火
寘 金火
嵩 火金
幹 木
廈 水
廉 火
彙 木火
微 水
愛 土
愚 水木
幅 水
意 金土
惶 木水
愉 水金
揆 木
揖 金土
揚 金土
揮 木水
提 火
揄 水金
揉 金火
描 水
換 木水
敬 火木
斟 金火
新 火金
暄 金
暇 金水
榆 水金
楊 土
椰 土
楓 水
楠 火
楚 金
楔 火木
歆 金木
歲 金
殿 火
湲 水土
湣 水
湜 金
湫 金火
湩 火
湧 土
湛 金木
湯 火
湢 水
溢 水
湖 水土
湑 火金
渾 水
湃 水
渺 水
渡 火
渥 土
減 火木
渝 水金
測 火
渭 土
港 木
渙 木水
游 土
渚 金火
湊 火
煙 土
煇 木水
煌 水
煉 火
煖 火
煥 木水
照 火
煤 水
煜 水土
煒 水土
爺 土
猷 金土
猶 金土
猫 水
猪 水
琴 火木
琳 火

盟	畸	當	琖	琚	琛	琤	琥	琦	琭	琫	琨	琪	琮	琯	琰	琲	琢	琵	琶
水	火	火	金	火	金	火	木	火	火	水	木	火	火	木	土	水	火	水	水
	木		火	木	火		水	木				木	金						
稚	稛	稑	稔	禽	禁	祿	祼	祺	碗	碓	碏	碑	碇	矮	罫	督	睡	睚	晳
金	火	火	金	火	火	火	木	火	土	火	金	水	火	土	火	火	金	金	土
木	木		火	木	木			木										木	金
群	義	綉	綈	經	絹	粳	粲	粮	筮	筥	筠	堅	娉	窣	窟	稞	稠	稟	稜
火	金	金	火	木	火	木	金	火	金	火	水	金	火	火	火	木	火	水	火
木	木				木						木	木							
莨	莫	荻	莒	莞	菁	荳	荷	舅	脫	脩	脣	脛	腳	肅	肆	肄	聘	聖	羨
火	水	火	火	木	火	火	木	火	火	金	火	火	火	金	金	金	水	金	火
				土	木		水	木				木	木			土			金
鼎	話	詮	試	詣	詢	詩	詠	解	裝	裡	補	裕	蜀	蛸	蛾	虞	號	莊	莓
火	土	火	金	金	金	土	土	木	金	火	水	水	金	金	土	水	木	金	水
				火								金			木	木	水		
酪	郁	部	送	迺	迷	載	路	跳	跡	資	賂	誅	詹	詳	該	酣	雍	鼠	鼓
水	水	木	火	火	水	火	火	火	火	火	火	金	金	火	木	木	土	金	火
	木	水	金										火	金				火	

飲	頒	頓	預	頌	韮	靖	雷	電	雌	雉	附	阿	鉉	鉞	鉦	鈺	鉅	鈴	鉛
土	水	火	土	火 金	木	火	火	火	金	火	水	土	金 水	土	火	木	火 木	火	金 土
業	極	楷	楸	楹	會	暐	暘	暗	暖	暑	暌	暋	暉	暈	熙	馳	馴	鳩	飯
金 木	火 木	木	金 火	土	木	土	金 土	土	火	金	木	水	木 水	水	金	火	金	火 木	水
毓	農	裘	酪	綏	賈	莆	莘	莉	莎	詰	渤	溫	渲	湄	椿	楫	楢	楣	楨
水	火	火	火	金	火 木	水	金	火	金	火	水	水	金	水	金	火	金 土	水	金 火
塾	境	壽	圖	團	嘗	嘉	兢	十四劃之部	煊	雋	傲	援	筵	筧	筱	靳	酬	睦	想
金	火 木	金	火	火	金	火 木	火 木		金	火	土	水	金	火	金	火	金	水	金
僧	僚	僑	僥	僖	像	對	實	察	嫡	嫩	嫦	嫣	嫗	奪	獎	夢	墀	塵	塼
火	火	木	金 木	金 水	火	火	金	金	火	火	木 金	土	土	火	金 火	水	火	火	金 火
爾	熊	溪	溝	溶	滂	滋	滄	愫	愿	彰	廖	廓	幕	幗	幔	嶄	嶂	屢	僩
土 金	土	木	木	土	水	金 火	火	金	水 木	金 火	火	木	水	木	水	金 火	金 火	火	火 木

禎	碧	碩	監	盡	鼓	瑄	瑋	瑑	瑚	琿	瑗	瑛	瑜	瑟	瑞	獅	獄	猿	犒
火	水	金	火 木	火	木	火 金	水	金 火	水 木	木	水	金	土	金	金	金	木	土 木	木
綢	粽	精	粹	笋	箋	箠	管	箝	算	箕	箇	端	竭	窪	稱	種	禕	禔	福
金 火	火 金	火	火 金	金 火	金	金	木	木	火 金	火 木	木	火	火 木	水 土	金 火	金 火	金	火	水
脾	腎	肇	聞	聚	翠	罫	置	綽	綾	緊	錦	綸	綵	鋼	維	綪	綝	綠	綜
水	金	火	水	火	火	木	火	火	火	木	水	火	金	水	土	火	火	火	火 金
誦	誥	誌	裳	裙	蜜	萁	萄	菱	菖	菜	菓	萃	菁	菊	艦	舞	與	臺	腑
火 金	木	金 火	金	火 木	水	火 木	火	火	火	金	水	木 水	火	火	水	水	土	火	水
逢	逞	通	趙	逐	逍	逕	途	輕	輔	輒	赫	賓	賑	貌	豪	誠	誕	說	認
水	火	火	火	金 火	火 金	火 木	火	木	水	火	木 水	水	金 火	水	木 水	金	火	金	金 火
閤	閣	銅	銓	銘	銀	銚	酸	郎	郝	郗	郕	郤	郡	郢	透	這	速	連	造
木	木	火	火	水	金 木	金 火	金	火	木	金 水	金	水	火 木	金 土	火	火	火 金	火	火 金

闉	閥	降	限	韶	頔	領	飴	飼	飾	飽	髮	魂	魁	鳳	鳴	鼻	慎	慈	態
木	水	火木	金水	金	火	火	金土	火	金	水	水	木	水	水	水	水	金	金火	火
搖	搦	損	旗	暢	暠	榮	榎	榜	構	槍	槐	槙	歌	滉	源	温	準	溢	滕
金土	木火	火金	木	火	木	土	火水	水	木	火金	木	火	木	水	土水	土	金火	土	火
熒	滎	齊	寧	菽	華	滇	滔	溯	熔	榛	榭	榕	萍	睿	語	誓	綬	綻	綺
金土	金土	火	火	金	木水	火	火	金	金	金	金	金	水	金	水	金	金	火	火
緇	綴	菩	裴	頗	菲	臧	甄	萊	**十五劃之部**	億	價	儀	儉	劇	劍	劉	嘻	嘯	增
金	金	水	水	水	水	金	金	火		土	火木	金木	木水	火木	火木	火	金水	金	火
墩	墨	嬉	嬌	寮	寬	寫	審	層	履	幟	弊	廣	廚	廠	廛	廟	彈	影	徵
火	水	水	火木	火	木	火金	金	火金	火	金火	水	木	金火	金火	金火	水	火	土	火
徹	德	慰	慷	慣	慧	慶	慕	慚	慢	慨	慮	摑	摧	摘	敵	數	敷	暫	暴
火	火	土	木	木	水	火木	水	火	水	水	火	木	木火	水金	火	金	水	火	水

漆	漁	漢	演	毅	歐	樞	樣	模	樟	槽	標	樓	槿	槻	樂	概	暵	暳	暮
金	土	木	土	金	土	金	金	水	金	火	水	火	火	木	金	木	木	水	水
	水	水		木		木	土		火	金			木		木		水		
線	緡	緩	編	緣	瑤	瑱	瑲	瑰	瑩	熨	熠	熱	熟	滸	漸	滴	漫	滿	漾
金	水	木	水	土	金	火	火	木	土	土	金	金	金	木	火	火	水	水	金
		土			土		金							水					土
董	葵	萩	葛	著	葉	葆	落	萬	舖	腹	腸	腰	腦	耦	翬	翫	蒂	署	締
土	木	火	木	金	金	水	火	水	水	水	火	土	火	土	木	水	火	金	火
火				火	水									木	水	木			
複	褚	褕	衚	衝	衛	蝕	蝠	蝙	蝗	蜅	蝸	蝶	蝴	號	蒿	萱	葡	蒽	葦
水	火	金	木	金	土	金	水	水	木	火	木	火	木	木	木	金	水	火	土
			土	火					水		土		土					金	
賡	賞	賢	諚	諗	諓	諏	諍	論	諒	諑	請	諉	談	諆	課	諄	調	誼	誰
木	金	金	火	金	火	火	金	火	火	火	火	水	火	火	木	金	火	木	金
		水			金	金	火					土		木					
逵	逸	進	週	逮	輪	輩	輧	輦	輝	踐	趣	賦	賛	賙	質	賬	賣	賜	賚
木	土	火	金	火	火	水	木	火	木	火	金	水	火	金	金	金	水	火	火
			火						水					火		火		金	

字	五行
部	水
郵	金
郴	火
聊	火
郯	火
邢	水
郭	木
醇	金
醉	火
酺	水
醁	火
醄	火
銳	金 土
銷	火 金
銀	火
銹	火 金
鋤	金
鋒	水
閱	土 水
陛	金
院	土
陣	火
震	金 火
霄	水 金
霆	火
霈	木
鞍	土
鞏	木
鞋	金 土
頤	金
頡	水
養	土
駕	木
駟	金
駐	金 火
魄	水
鴉	土
鴈	木
瑪	水
嶔	火 木
嶢	金 木
嶠	火 木
嶙	火
嶓	水
嶒	火 金
嶬	火 木
皜	木
畾	火 木
盤	水
確	木
碼	水
輾	木 火
磁	火
磊	水
磬	水
稷	火 金
稾	木
稽	火 木
稻	火
穀	土
窳	土
窮	火 木
	木
窯	金 土
節	火
箱	火 金
篇	水
篁	木 水
範	水
糊	火
縕	土
練	火
緯	土
蒂	火
黎	火
漣	火
漳	金
滬	木
樊	水
樑	火
緘	火
陞	金
萼	土
嫵	水
閭	火
漠	水
魯	金
緒	金
緞	火
駒	火

十六劃之部

字	五行
勳	金 水
樺	水
儒	金 火
儔	金 火
儕	金 火
儘	火
冀	火 土
叡	金
噯	土
器	木
噴	水
圜	水 土
壇	火
壁	水
奮	水
學	金 水
導	火
嶮	木
嶧	金 土
嶰	金 水
嬖	水
憫	木 水
憬	火 木
憭	火
憲	金 水
熹	水 木
憧	火
憐	火
戰	金 火

字	五行
撰	金
播	水
撮	火金
撞	火
撒	火金
撤	火
擻	火木
整	金火
曉	水
暹	火金
暾	火
暨	火木
曆	火
曄	土
瞳	火
暸	火
機	火木
橘	火木
橫	木水
橋	木
樵	火
蒨	金
橙	火
橡	火
榴	火
歷	火
潔	火木
溢	火
潭	火
潤	土
澄	火
潼	火
潮	金火
潘	水
潛	火
潟	火金
憙	水
燈	木水
熾	金水
熿	木水
餤	金水
燀	火金
燂	金火
燁	金土
燃	金火
燉	火
燕	土
燐	火
燋	金火
燎	火
璃	火
瑾	水木
璀	火
璅	火金
璊	水
璉	火
璋	火
瓢	水
甎	金火
蕓	水
磚	金火
磨	水
盧	火
瞞	水
磧	火
穆	水
積	火
穎	金土
穎	金土
窺	木
竱	火
篩	金
築	金火
篡	金火
篠	火
篤	火
篝	火
糖	木
糕	木
糒	水
縣	木
縞	木
縉	火
縈	金
翯	木
翰	木水
膏	水
蒙	水
蒔	金
蓊	水土
蓉	水土
蓄	金水
蒲	水
蒼	火金
蓆	火
蓋	木
蓍	火金
蒸	金火
螢	土
融	金火
衡	金水
衛	水土
褔	土
覦	水金
親	金火
覩	火
謂	土
謁	金土
諸	金火
諤	土木
興	金
諫	火木
諺	金木
諳	土
諦	火
諭	水土
豫	土
賴	火
蹄	火
輯	火金

鉅	錢	錦	錫	鋼	醒	鄆	鄙	都	達	道	遇	遑	遂	運	遊	逾	辨	輸	輳
火 木	火	火 木	火 金	木	金	水 土	水	火	火	火	水 木	木 水	火 金	水 土	金 土	水 金	火	金	火
鴦	鴛	鴨	餘	頭	頰	鞘	靜	霖	霓	霏	陳	陪	陰	陲	陵	陶	陸	錠	錐
金 土	木 土	土	土	土	火 木	火 金	金 火	火	木	水	金 火	水	土	金	火	火	火	火	金
錡	錄	緻	諮	諛	諾	謀	諱	樹	燔	澌	澆	潺	澎	潢	潯	龜	龍	鋹	默
火	火	金	金	水	火	水	木	金	水	金	火	金	水	木	金	火	火	火	水
憑	赭	憩	駱	曇	舉	館	臻	廩	寰	疆	瞠	閻	頻	霑	霎	霍	憚	蓓	蓁
水	金	火	火	水	火	木	金	火	木	火	金	金	水	金	金	木	火	水	金
嶸	嶽	嶼	嬴	嬪	嬬	壑	瓀	壔	墂	壕	勵	儦	偒	儡	償	優	鴻	隆	
金	金 木	土	土	水	金	木	金	火	金 水	木	火	水	火 金	火	金 火	金 土	水	火	
檐	檀	斂	擐	擒	撿	據	操	擔	撼	擅	擇	擁	懇	憾	憶	應	幫	懞	彌
火	金 火	火	木	火 木	火 木	火 木	火 金	火	木	金	火	水 土	木	木	土 金	金 土	水	水	水

獨	徽	彝	燧	燦	燭	營	瀆	濃	澳	激	澤	氈	斂	檣	檢	檠	檄	檜	橿
火	木	金	火	火	金	金	水	火	土	火	金	金	火	火	火	火	金	土	木
		水	金		火					木	火		木		木	木	木	木	
蓬	簇	簣	穗	禪	禧	矯	礁	磷	磯	璚	璐	璠	璣	璜	環	瞵	瞳	瞭	瞬
水	火	火	火	火	水	火	火	火	火	火	火	水	火	木	火	火	火	火	金
	金		金	木		水			木	木			木	水	木				
臨	膚	膠	膝	聳	聲	聰	聯	羲	繇	縹	總	繁	績	縱	縯	縫	縮	糠	糟
火	水	火	火	火	金	火	火	金	金	水	金	水	火	火	金	水	金	木	火
		木		金		金		水	土										金
講	謙	謝	諜	膽	襄	褒	褶	螳	螺	蔭	蔫	蔬	蔣	蔚	蔗	蓮	蓬	艱	舉
火	火	火	火	火	火	水	火	火	火	金	水	金	火	水	金	火	水	火	火
木	木	金	木				金			土	土			土	火			木	木
錫	錨	鍊	醞	醜	鄖	鄉	鄘	鄔	鄒	嬫	遙	遜	遞	遡	遺	遠	輿	輾	購
金	水	火	水	金	水	金	金	水	火	土	金	火	火	火	土	土	水	火	火
			土		土	土		土	金		土	金		金	木		土		木
韓	鞠	霜	霞	霙	隸	雖	階	隍	隊	隆	陽	闊	闇	鍵	緞	鎂	鍬	鍾	鍼
木	火	金	金	土	火	火	火	木	火	火	土	木	土	火	水	水	火	金	金
水	木		水			金	木	水						木	火		金		

字	五行
館	木
餅	水
駿	火
駮	火木
鮪	水土
點	火
齋	金
麋	水
謚	土
蔓	水
澧	水
澡	金
濁	金
澱	火
澹	火
濂	火
擎	火
繆	水
縛	水
遣	火
隋	金
鮭	木
闈	水
瞧	火
篷	金
檔	火
檉	金
糜	水
懋	水
賽	金
磺	木
豁	木
谿	金
嶺	火
蠑	金
騶	金
轅	水
盪	火
騁	金
黛	火
燮	金

十八劃之部

字	五行
儲	火
叢	火金
擱	木
戴	火
擬	木
擦	火金
擡	火
斷	火
曜	金土
瞟	金水
曙	金
檳	水
檻	火木
櫃	木
櫂	火土
歸	木
濟	火
濡	金
濠	木水
濤	火
濕	火金
濯	火
濱	水
濛	水
燿	金土
燾	火
爵	火
獲	木水
璨	金
璧	水
璫	火
環	木
皦	火木
瞻	金火
瞼	火木
礎	金
禮	火
簡	火木
簞	火
簣	木
簪	火木
糧	火
繒	火
織	金火
繕	金
繙	水
繚	火
翺	土木
翻	水
翼	金土
翹	火木
職	金火
聶	木火
膳	金
膴	水
舊	火木
蕣	金
蕊	火
蕉	水
蕙	木水
蕃	水
蟬	金
蟲	金
禪	火
覆	水
覲	火木
觴	金
謨	水
謳	土
謹	火木
豐	水
蹕	水
轉	火
遭	火金
適	金
鄙	水
鄣	金火
鄢	土

鄞 火木
鞭 水
穠 火
濼 火
繭 火木
遵 火
醫 土木
額 土木
轆 火
瀅 金土
繫 金水
選 金
鎧 木
顏 金木
邀 土
璵 水土
繡 金
遷 火
鎔 水土
題 火
檬 水
璽 火金
繩 金
遺 金土
銷 火金
馥 水
魏 水
疆 木
膺 土
遼 火
鎮 金火
鯉 火
黠 金
疇 金火
膽 火
鄭 火
鎬 木
鵝 土木
鼇 火
禱 火
臂 水
鄰 火
鎚 金火
鶻 火
颼 金
穩 水土
臆 土
鄧 火
闕 木
鵠 木
燻 金
穫 金水
蟹 金水
鏡 火木
闕 木
贄 金火

十九劃之部

簽 火
蟻 金木
鏇 火金
隒 木
贅 金
勸 火木
薄 水
褸 土
鏘 木
隔 木
璨 火
實 水
簾 火
襟 火土
鏈 火
隕 水木
濬 火
廬 火
簫 火金
證 金火
鏑 火
隘 土
蕎 火
擴 木
蕭 金
識 金火
關 木
雙 金
蕓 水
擲 金火
薏 金土
譔 火金
霧 水
艘 木水
璦 土
攀 水
薀 水土
譙 火
顗 金木
雜 火金
謫 火
曠 木
薛 金
贈 火
類 火
雞 火土
謬 水
櫛 火
薪 火金
贊 火金
騤 火木
雛 金
顛 金
櫟 火
薇 水
轎 火木
鯨 火木
飆 火
闐 火
櫓 火
蕾 火
辭 火金
鵬 水

鶇 火
鵲 火金
鵾 火木
麗 火
麓 火
麒 火
寵 金火
麴 火木
璼 火木
嬿 土
璸 金水
璻 水
瀋 金
瀏 火
薔 火
薦 火
鏗 火
譁 木
遲 金
遴 火
際 火
鄲 木
簷 金
龐 水
瓊 火
薔 木
爍 金
覈 木
譚 火
韻 水

二十劃之部

嚴 金木
壤 金火
孃 木火
寶 水
懸 金水
懷 木水
攏 火
曦 金水
曨 火
朧 火
瀛 土
瀞 火
瀝 火
瀚 水
瀘 火
爐 火
犧 金水
犨 金火
瓈 火
瓊 火
瓅 火
糯 火
礦 木
礬 水
礫 火
競 火木
籍 火
籌 金火
籃 火
繼 火木
纂 金
繻 火金
辮 水水
羅 火
羆 水
耀 金土
臍 火金
艦 火木
艨 水
藁 木
藉 火
薰 金水
藏 火金
藇 土
藍 火
薩 火金
薯 金火
褥 火
覺 火木
觸 火金
譯 金土
議 火木
警 火木
贏 土
贍 金火
還 木
邁 水
遽 水
鐘 金
鐙 火
鐐 火
闡 金
隣 火
霰 火金
霳 火
露 火
飄 水
鬪 木
馨 金水
騰 火
黨 火
釋 金
齡 火
麵 水
瓋 金
壢 火
瀧 火
瀠 金
纖 金
醲 火
獻 金
鄰 金

二十一劃之部

儷 火
屬 金
巍 水木
攙 金
攘 火金
櫻 金土

躍	譽	護	蠣	蠢	蠟	藕	藥	藪	藤	藝	艪	臘	續	纈	籐	竈	殲	欄	櫸
金 土	水 土	木 水	火	金	火	土 木	金 土	火 金	火	金 木	火	火	金	火 木	火	金	金 火	火	火 木
顧	轎	霸	隨	鰲	闤	闢	繐	鐿	鐸	鐶	鐳	鐵	鎌	邇	辯	轟	聶	贐	躊
木	火 木	水 木	金	木	木	水	火 金	金 土	火	木	火	火	火	土 金	水	木 水	水	火	金 火
麝	霹	鐺	饒	藜	藩	瀰	瀾	籓	雞	鶴	鶯	驃	驅	鐃	[illegible]	饋	饌	飄	顥
金	水	火	金	火	水	水	火	水	火 木	木 水	金 土	水	火 木	金 土	金 水	木	金	水	木
艫	聽	籠	穰	疊	灌	歡	權	攝	懿	巑	巒	巔	囊	儼	二十二劃之部	蘊	覽	寶	邈
火	火	火	金	金	木	木 水	火 木	金 火	土	火 金	火	火	火	金 木		水	火	水	水
藺	隱	隮	霽	鑌	鑄	鑑	邊	讀	讚	覿	覽	襯	藿	蘆	蘇	蘂	藹	藷	藻
火	土	火	火	水	金	火	水	火	火 金	火 金	火	金	木 水	火	火 金	金 火	火 木	金	火 金
曬	戀	巖	二十三劃之部	攜	驊	龢	彎	驕	籙	籟	蘋	潚	邊	欉	龔	鰻	鬚	餐	響
金 火	火	金 木		金	木	木	水	火	火	火	水	金	水	金	木	水	金	金	水

字	五行
灑	金
籤	火
纖	火
蘚	金
蘭	火
欅	火木
變	水
鑛	木
顯	金水
驛	金土
驗	金木
髓	火金
體	火
鷲	火
欒	火
麟	火
謹	木
纓	金

二十四劃之部

字	五行
鑫	金水
鷺	火
鷹	金土
靂	火
靈	火
靆	火
靄	火土
隴	火
鑪	火
釀	金火
讓	金火
衢	火木
蠶	火金
艷	土
臟	火金
罐	木
矗	火
瓛	土
靋	火
贛	木
瓚	金
艶	金
驟	金

二十五劃之部

字	五行
廳	火
籬	火
蠻	水
觀	木
鑰	土金
靉	土
鼈	水
釁	木水
酆	水
灞	水
灝	火
欖	火
蘿	火
囑	金
鄺	火

二十六劃之部

字	五行
灣	土
矚	火金
讚	火金
邏	火
邐	火
釃	金
驢	火

二十七劃之部

字	五行
鑼	火
鑾	火
纜	木
驥	土
顴	木
讜	火
鑲	金火
鑽	火

二十八劃之部

字	五行
鸚	土
灨	火土
豔	金土
驩	木

二十九劃之部

字	五行
钃	金
鬱	土
驪	火
驦	金火

三十劃之部

字	五行
鸞	火
鸝	火

44
Mystery

44
Mystery